本书编委会

编著 王　蓓

统稿 王　蓓

编委 樊友燕　郁　静　王　欢

徐肖蓉　杨　娟　解丽萍

孙　蓓　章　欣　凌　莉

唐倩芸

世界的样子

“行走 · 涉阅”课程活动指南（自然篇）

王蓓　编著

江苏大学出版社
JIANGSU UNIVERSITY PRESS
镇　江

图书在版编目(CIP)数据

世界的样子："行走·涉阅"课程活动指南. 自然篇／王蓓编著. -- 镇江：江苏大学出版社，2022.9
ISBN 978-7-5684-1867-6

Ⅰ. ①世… Ⅱ. ①王… Ⅲ. ①活动课程 – 学前教育 – 教学参考资料 Ⅳ. ①G613

中国版本图书馆 CIP 数据核字(2022)第 180905 号

世界的样子——"行走·涉阅"课程活动指南(自然篇)
Shijie de Yangzi——"Xingzou · Sheyue" Kecheng Huodong Zhinan (Ziran Pian)

编　　著/王　蓓
责任编辑/夏　冰
出版发行/江苏大学出版社
地　　址/江苏省镇江市京口区学府路 301 号(邮编：212013)
电　　话/0511-84446464(传真)
网　　址/http://press.ujs.edu.cn
排　　版/镇江文苑制版印刷有限责任公司
印　　刷/镇江文苑制版印刷有限责任公司
开　　本/787 mm×1 092 mm　1/16
印　　张/14.25
字　　数/240 千字
版　　次/2022 年 9 月第 1 版
印　　次/2022 年 9 月第 1 次印刷
书　　号/ISBN 978-7-5684-1867-6
定　　价/79.00 元

如有印装质量问题请与本社营销部联系(电话：0511-84440882)

序

2016 年，镇江市解放路幼儿园优山美地园准备申报镇江市第三批《3~6 岁儿童学习与发展指南》实验园，当时我参与了幼儿园申报方案的讨论和制定，从那时起，幼儿园就确立了“幼儿户外学习”的课程建构和研究方向。

六年后的今天，我手捧《世界的样子》这本书稿，作为幼儿园课程建设的见证者，我的内心是十分喜悦的。

从《世界的样子》里，我看到——

孩子眼里的世界是真实的：

“这个石头滑滑的。”

“这个石头上有好多颜色。”

孩子眼里的世界是生长的：

“我觉得这棵树是活的，因为它还在长绿叶子。”

“你们快来看呀，我发现秋葵里有好多小豆豆。”

孩子眼里的世界是奇妙的：

“我在楼房的屋顶上看到了一只小小的、有着黑色羽毛的鸟，它张开翅膀准备飞。”

“小懒虫（小乌龟）太可怜了，为什么它的壳软软的啊！”

“蚂蚁头上还有两条腿呢。”

孩子眼里的世界是变幻的：

“你们看，天上的云好像恐龙骨架啊！”

“你们见过风是什么样子的吗？我在外面见到了。”

孩子眼里的世界是宏大的：

“快来看啊，我找到掉落在我们幼儿园的空间站了！”

“月亮里有很多个不同的石头，因为晚上看它的时候总是有的地方亮有的地方不亮。”

从《世界的样子》里，我也看到了孩子
专注探索的样子
自主表达的样子
积极互动的样子

从《世界的样子》里，我还看到了老师
用心倾听的样子
深入思考的样子
全力支持的样子

从《世界的样子》里，我更看到了一所刚满八岁的幼儿园
自然生态的样子
开放民主的样子
生命生长的样子

而我认为，所有这一切，正是教育应该有的、最为美好的样子！

夏　薇
2022 年 3 月 1 日夜写于南山

和孩子一起看世界

世界，是什么样子的？每一个孩子，都有自己的答案。

2014 年 9 月，镇江市解放路幼儿园优山美地园正式开园，八年的时间里，有两千多名孩子在这里和我们一起生活过。孩子们用自己的眼睛去发现世界，用自己的语言去描述世界，用自己的双手去探索世界，也唤醒了我们对世间万物最初也最美好的情感，这是一件非常有诗意的事情。每一个孩子，都是独特而丰富的。从孩子们的身上，我们总能收获属于幼儿教师这个职业的感动，同时也在努力地帮助孩子们积蓄向上生长的力量。

自然体验

建园之初，幼儿园仅有三个班级，不到九十个孩子。而园内户外面积达五千多平方米，花草树木，四季飘香。宽阔的户外场地和优美的生态环境，让孩子们能充分享受自然带来的快乐。秉持“和儿童一起生活”的教育理念，我们萌发了最早的课程愿望：和孩子一起创设自然、生态的幼儿园环境，让孩子们在幼儿园的生活中保有好奇与探究之心，回归自然、回归天性。随着塑胶场地的减少、树屋的落成和各种植物的增多，孩子们在户外有了更多游戏和探索的机会，也有了更多有趣的经历和体验。

户外学习

2017 年春学期，作为一所办园不满三年的新园，镇江市解放路幼儿园优山美地园以“行走”课程建构和户外学习实施作为建设项目成功申报成为镇江市第三批《3~6 岁儿童学习与发展指南》（以下简称《指南》）实验园。对于儿童来说，他们的学习是在生活中通过直接感知进行的。如果说开园后我们已经有了关于“行走”课程的萌芽，那么《指南》实验园的平台则给予了该课程生长的沃土。

基于幼儿园良好的户外环境资源，在江苏省教育科学院何锋博士的指导下，通过对自然主义教育理论和建构主义学习理论的系统学习，以及对在零散的户外活动中积累形成的案例的总结，我们对幼儿园户外学习有了更深入的理解，明晰了户外学习是幼儿在幼儿园的室外及园外更广阔的自然、社会环境中，通过直接感知、实际操作、亲身体验获得知识、技能和情感体验的学习。户外学习几乎在户外所有活动中都会发生，它不仅仅是传统的户外体育锻炼活动，还包括种植、建构、表演等创造性学习，以及自然科学探究及社会实践体验。

根据儿童的兴趣与需要，我们持续优化园内的户外学习空间。2017 年建花草园，2018 年改泥水区，2019 年建后花园观鸟屋、山坡区，2020 年造梦想村，老师和孩子们一起创设生成了十多个不同类型的户外学习区。这些区域既有相对聚焦的指向性，通过提供工具和材料，支持孩子们进行深度学习；也有相对融合的开放性，园内所有的区域像是一个自然的整体空间，注重给予孩子们自由、自主、开放、愉悦的体验。园内不同类型的花草树木有 150 余种，各类动物有 50 余种，砂石水土等自然资源丰富，同时还投放了其他各种松散件材料供孩子们随时取用。草木有趣，万物有时，一草一木，鸟叫虫鸣，都是孩子们户外学习的内容。孩子们的户外学习从园内走向园外，油菜田寻春、宗泽园远足、焦山观鸟、西津渡访古……通过直接感知、实际操作、亲身体验，孩子们获得了对自然万物的经验和直觉，形成了尊重生命、关爱自然的情感。

户外学习不仅仅是幼儿行动、体验、探究的过程，还是教师更新、蜕变、成长的过程，更是幼儿园课程建设、持续发展、个性积淀的过程。

行走涉阅

在三年的课程建设历程中，我们深刻地认识到，儿童的世界就是儿童的完整生活，幼儿园的课程绝不是生硬的堆砌，更不是活动的拼凑，而是应该反映幼儿园里每一个人的生活内容和情感体验。为了推进课程的深度建设，同时完善课程中社会体验部分的内容，2021 年，我们在之前积累的课程基础上，开始了园本"行走·涉阅"课程的探索。行走，是游历、探索、冒险，是儿童用身体来感知世界。涉阅，是经历、涉猎、阅读，是儿童用思考来认识世界。它是真实的、生动的，是儿童在如流水般自然而流畅的生活里、在天地中与万物相遇，智慧生长。我们从儿童的自然环境、社会环境和文化视野出发，以儿童的建构为核心，支持他们在真实的自然社会环境和文化视野中体验和经历，成为具有"积极的行动，探索的精神，合作的态度，开阔的视野，自由的思想"的完整儿童。这个世界，既是当下的生活，也是未来的样子。

本书中的案例记录了镇江市解放路幼儿园优山美地园和道署街园孩子的部分生活和学习轨迹。与其说是我们陪着孩子一起看世界，不如说是孩子带着我们重新认识了世界。有一百个孩子，就有一百个世界，而我们需要做的，就是和他们一起，怀着对世间万物最初的感动与好奇，一起去看世界的样子，并将自己融于这个饱含诗意又充满哲理的世界！

目录

第四篇　世界是变幻的

续曲

第一篇

世界是什么做的

哇，有个坑

【分享时刻】 4~5 岁

初冬时节，孩子们带着准备好的放大镜、小铲子、写生板、收纳盒，对爬满幼儿园围栏的丝瓜开始了测量和写生。有三个孩子拿着小铲子在一边挖“宝藏”，大壮说：“你看，这个大宝石，我要送给我妈妈。”

糖糖和雯雯也在挖坑，一旁的李泰然用放大镜看坑里面有没有宝藏。糖糖说：“我们来种种子吧！”李泰然说：“我去找种子。”李泰然找了一颗紫荆树上的“小种子”放了进去。雯雯说：“很快就会长大的。”这时，孩子们发现了在一旁独自挖坑的芒果，他很投入地在挖一片干土，挖得周围尘土飞扬。为什么芒果选择的地方会有扬土？怎样挖坑不容易扬土？哪里更容易挖坑？孩子们对此产生了浓厚的兴趣（见图 1-1、图 1-2）。

图 1-1 挖坑放种子

图 1-2 发现有很多扬土

雨天有惊喜

下雨了，孩子们穿上雨衣和雨鞋，来到自己挖坑的地方，发现坑里都是雨水，于是就拿起了工具在坑里玩起了水，玩了一会儿之后，芒果在之前挖的大坑旁又开始挖起了小坑。他用大坑里的雨水洗铲子，挖小坑，给小坑里装水，再洗铲子，再挖小坑，再给小坑里装水，持续了十来分钟。后来睿睿也跑过来一起玩。很快，他俩发现了水坑里的秘密，小坑里的水往大坑里流了。我问他俩小坑里的水为什么不往别的地方流。睿睿说："水坑里水太多，会流，小坑旁边有个滑的地方，它就滑了。"芒果说："就像滑滑梯一样。"（见图 1-3）

图 1-3　雨后的泥土很好挖（发现水的流向）

我们一起炒刨冰

天气越来越冷了，孩子们没有因为冷而减退玩的兴趣，他们带着工具来到之前挖坑的地方，又有了新的发现。睿睿和糖糖在拿工具的时候发现了滑梯旁的草地上有一大块碎冰，他们把这个发现告诉了同伴，专注挖坑的芒果也被冰块吸引过来了。睿睿说："冰在我手上都化掉了。"糖糖说："这个冰有大的有小的。"芒果说："冰和土放在一块，冰脏了。"在他们的谈论中，炒刨冰的游戏开始了，芒果用铲子运输冰块到他挖的坑里，反复搅拌，然后拿出来剁碎，再到坑里搅拌。成功后，芒果笑着对睿睿说："我奶奶就是这样炒刨冰的。"（见图 1-4）

图 1-4　发现有很多冰块（玩炒刨冰游戏）

冰水实验

冰块的出现让孩子想到了一个问题："冰块是哪儿来的？"睿睿说："冰块是从天上掉下来的。"芒果说："冰块是有人放在这里的。"糖糖说："是水变的吗？"我和孩子们做了大胆猜测，芒果和糖糖认为坑里的水会变成冰，睿睿觉得不会变成冰。于是，冰水实验就这样开始了。芒果在坑里倒满了水，问："坑里面的水会不会变成冰？"接着，孩子们考虑到这个坑的安全问题，共同商议后决定制作一块提醒标志牌插在旁边（见图 1-5）。回到教室后，他们把自己的猜想也画了下来（见图 1-6、图 1-7）。第二天早上（8:10）睿睿和芒果先到班上，他们很兴奋地告诉我，昨天坑里的水变成了冰，但不是很厚的冰，下面还有点水呢。午饭后（11:35）我带着孩子们一起去看坑里的冰，发现又成了水，一点冰都没有了。冰块哪里去了？糖糖说："中午不冷了，冰就化了。"孩子们进行了讨论：什么时候会成冰块，什么时候又化成水，天气的冷暖有什么方法知道呢？糖糖说："可以用体温计吗？我发烧的时候用体温计测量就可以知道烧到多少度。"

图 1-5 "有坑"提醒标志牌

图 1-6 猜测水是否变成冰

图 1-7　幼儿的猜测图

温度计的出现

经过讨论，孩子们决定将温度计放在户外不影响别人活动且不容易被破坏的地方进行观察。他们选择了教学楼旁的小道，因为那里走的人较少。糖糖说："把温度计贴在墙上，我们每天来看一下。"（见图 1-8）睿睿和芒果也同意。他们商量确定观察的时间是早上来园时和中午吃完午饭后，每天轮流记录（见图 1-9）。观察到温度较低，适宜做冰水实验时，孩子们带着工具自主讨论分组，继续挖坑进行冰水实验（见图 1-10）。在树屋下，挖坑的孩子们还发现了地上有一排排整齐的"小洞洞"，这些"洞洞"又从何而来？孩子们的探索还将继续……

图 1-8 将温度计放在户外进行观察

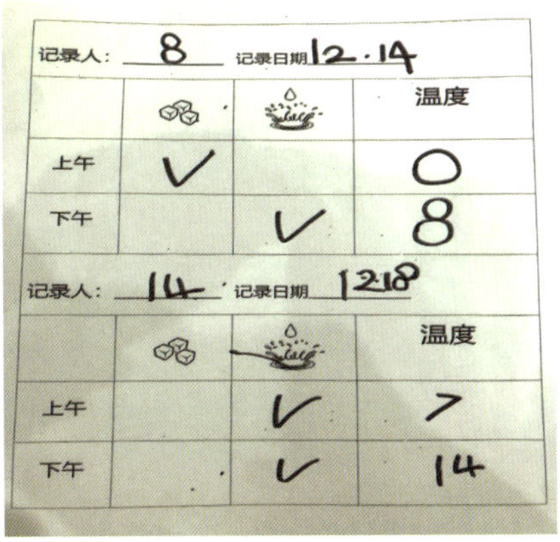

记录人：8 记录日期 12.14

			温度
上午	√		0
下午		√	8

记录人：14 记录日期 12.18

			温度
上午		√	7
下午		√	14

图 1-9 冰水记录表示范图

图 1-10 测量坑里的水

【教师简析】

自然界中有很多可以供孩子探索的材料，而泥土对于孩子来说最容易引起感管刺激，地域不同、天气不同，泥土的质量、感觉、黏度也会不同。孩子们是通过身体去探索和思考的，每一次探索都会有不同的体验和发现，简单的玩耍中，藏着他们的探索与发现。

因为孩子天生的好奇心，才有了一系列有趣的活动。这会成为孩子们童年中珍贵的经历，在无形中，促进他们的成长。

在对坑、水、冰进行探索时，他们观察及解决问题的能力被强化。

在进行玩冰实验的过程中，他们将观察和预测到的现象进行比较，以观察经验作为依据的验证分析能力也得到了提升。

在探索记录温度的过程中，他们学习了利用数字符号进行对应的表征。随着活动的深入，孩子们之间有了更多的协商、交流、探讨，他们不再进行简单的“自我游戏”，而是迁移生活经验创生出更多游戏，并在游戏中解决遇到的难题和困惑。

（教师：章欣　张子系）

【同类型活动参考】

活动一：挖坑

建议年龄段：3~5 岁

意义与价值：能够灵活运用小铲子、小耙子等工具；在挖坑的时候能够感受土质的不同。

可以讨论的话题

——在哪里进行挖坑？

——用什么工具？

——发现了什么？

——有什么问题？

可以引发的活动

——工具探索。体验用各种工具（铲子、耙子、木棍、树枝）进行挖坑游戏。

——角色游戏。迁移生活经验，利用周边自然物进行各种扮演游戏，如烧饭、野营、种花等。

——益智游戏。在坑里藏东西，利用自然物进行伪装，然后寻找。

——建构游戏。利用自然物或其他材料在挖出的坑上面搭建，如搭建灶台、小动物的家等。

活动二：土壤里面有什么

建议年龄段：4~6 岁

意义与价值：分土、筛土、探究、调查，积累对泥土的体验，享受动手探索泥土的过程。

可以讨论的话题

——翻翻泥土，里面有些什么？

——发现了什么有趣的生物？

可以引发的活动

——寻“宝”行动。观察泥土里的物体，如沙、土块、小石头、蚯蚓、蚂蚁等。

——泥土大发现。幼儿观察记录，通过图表（可参考表 1-1）说明所发现物种的大概数量、发现地点及其他信息。

——泥土日记。在一个周期内持续对同一块地方进行调查，记录每次发现的异同，并尝试寻找原因（可参考表 1-2）。

活动三：藏在土里的动物

建议年龄段：4~6 岁

意义与价值：自然界有很多动物值得我们去研究，不同的泥土里也藏着不同的动物，通过自己的观察发现并去了解它，培养对于生物的好奇心。

可以讨论的话题

——你是在哪里发现它的？它的周围还有什么？

——它长得什么样子？它是如何移动的？

——它在做什么？

可以引发的活动

——一平方米里的动物。观察寻找一平方米范围内土里的动物，调查它们分别以哪种方式依土生存。

——动物模仿秀。通过肢体表现土里动物的动作。

活动四：我的泥土作品

建议年龄段：3~6 岁

意义与价值：创造性使用泥土和其他自然材料，在活动中体验物质的特性。

可以讨论的话题

——可以找哪些东西和泥土一起来创作？

——你收集到了什么？

——你想做什么？你做的是什么？你是怎么做的？

——你有什么发现？还可以玩什么游戏？

可以引发的活动

——自然拼贴画。收集叶子、草、植物的果实等，和泥土一起进行创作

（见图 1-11）。

——植物泥画。将碎叶子、果实汁液（或颜料）和泥土搅拌在一起，尝试绘画（见图 1-12）。

——雨水泥画。利用雨水、泥巴在硬纸板上作画。

——泥土版画。利用松针、树枝或大自然中其他物品代替画笔在泥土上作画（见图 1-13）。

——泥塑。用水和泥，把湿湿的泥团变成球、杯子、碗，或者一个蛋糕（见图 1-14）。

图 1-11　自然拼贴画

图 1-12　植物泥画

图 1-13　泥土版画

图 1-14　泥塑

活动五：水坑的变化

建议年龄段：5~6 岁

意义与价值：将观察和预测到的事物进行比较，看看在很冷的天气里，小小的水坑可能发生哪些有趣的变化，这些变化后面又隐藏着哪些天气现象和物理现象。

可以讨论的话题

——坑里的水会怎么样？会变成冰吗？

——坑里的水为什么会结成冰？

——小小的坑和大大的坑，里面的水都会结冰吗？

可以引发的活动

——水去哪儿了。观察坑里面的水的变化，并寻找水发生变化的原因。

——结冰实验。在大小不同的坑里放满水，观察水有没有结冰，是不是所有水坑里的水都结冰了。

——化冰实验。仔细观察，看看哪里的冰会更快融化，怎么做可以帮助冰快点儿融化。

表 1-1　泥土大发现

我挖到……		
数一数（可画点或用数字记录）		
植物：	动物：	其他：

使用小贴士：将发现的物体用绘画的形式记录在表格中，一个小格子记录一个物体。尝试分类并数一数哪个种类的物体最多。

表 1-2　泥土日记

时间	我挖到……
星期一	
星期二	
星期三	
星期四	
星期五	

使用小贴士：选择一块一平方米的泥土地，一周里都在同一块地方进行挖土。记录当天的天气和所发现的物体。

石头记

【分享时刻】 4~5岁

石头在自然环境和生活中随处可见。看似不起眼的石头，却是孩子们的最爱。每一次户外游戏，他们都收获满满。

秋　秋：“我找到了一个像小蘑菇的石头，漂亮吗？”（见图 1-15）

小　典：“看，我在这里找到了很多宝贝，你快来和我一起找吧！”

婉　莹：“杨老师，你看我们找到了这么多的宝石。”

锦　宸：“石头还能当乐器呢！”（见图 1-16）

图 1-15　蘑菇小石头

图 1-16　石头可以敲出声响

豆　豆："我们在沙池里挖出了大大小小的石头。"

朗　朗："我见过的石头是彩色的。"

芒　果："有的石头上面坑坑洼洼的，但有的是很光滑的。"

幼儿园里也藏了好多不同的石头。大家七嘴八舌，决定先在幼儿园里找一找，看看都能发现什么样的石头。于是幼儿园"寻石"大行动开始了。

（一）真假石头

图 1-17　假石头

朱沐晴先找到了一个上面全是草的"石头"。她拿在手里喊道："杨老师，我找到了一个大石头。"锦宸凑过去看了看："你找的是假石头吧？"朱沐晴摸了摸说："好像有点软。"

锦宸说："你可以用脚踩一踩。"朱沐晴用力一踩，"石头"果然碎了，她笑着对锦宸说："原来真的不是石头，是泥土。"（见图 1-17）

锦宸也看到一个"石头"。他刚拿起来准备放到篓子里，但想了想，又扔掉了。我问："你为什么扔掉呀？"锦宸说："我以为是石头，但是拿起来太轻了。"我走近一看，原来是个泡沫。

（二）我的石头最特别

孩子们拎着小篓子来到后花园，后花园的石头最多，他们边捡边讨论谁的石头最特别。

为　之："我在这里发现了一个与众不同的石头，你们快来看。"

芒　果："这个石头会反光，好神奇呀！"

睿　睿："我捡到一个最光滑的石头。"

大约十分钟过后，孩子们的篓子里已经装满了大大小小不一样的石头。琬潆说："我真的拿不动了。"我提醒孩子们："如果实在拿不动，可以先把你不喜欢的石头放下。"芒果却坚持说："我们能拎得动。"于是他们又去到约 100 米以外的菜地，找到了红石头、大砖头、片状的石头等。孩子们拎着装有大石头的篓子非常吃力，尤其是芒果的篓子已经满满当当的了。我又劝他："你的石头太大了，就放在草地上吧，不用带回去了。"芒果还是坚持说："这是我在樱花树下发现的古代的石头，它一定是化石。"（见图 1-18）

孩子们非常努力地将自己喜欢的石头带回了教室，一边整理一边分享："这是扁扁的石头""这是闪光的石头""这是我找到的彩色的石头""我的石头有个小洞洞，最特别"。（见图 1-19）

图 1-18　找到的"化石"

图 1-19　石头分类

谁的石头最坚硬

在整理石头的过程中，任为之用石头相互敲击，引起了大家的兴趣。于是琬潆、欣欣、高圣勋等小朋友都围了过来（见图 1-20）。

为　之："看，我的这个石头能把大石头敲碎。"

欣　欣："我的石头最硬，这里都是我敲下来的小石头。"

圣　勋："我在打磨石头。"

图 1-20　敲击石头

在敲击的过程中，他们发现了更多有趣的事情。

欣　欣：“每块石头都能敲出不同的声音，你听到咚咚咚的声音了吗？”

为　之：“我的石头敲桌子发出了咚巴咚巴的声音。”

圣　勋：“我的石头发出了啪啪啪的声音。”

琬　潆：“杨老师，你听这个石头碰石头的声音，像不像玻璃碰撞的声音？”

左梓彤：“我们敲的石头掉下来了很多灰。”

圣　勋：“是沙子吧。”

琬　潆：“是灰，是粉末。”

图 1-21　用敲击石头掉下来的粉末画画

欣　欣：“我一敲石头，桌上的粉末就动起来了。”

瑞　瑞：“因为你的力度很大，它就震动起来了。”

为　之：“我发现这个石头上有黑宝石，还有很多的洞洞。”

彤　彤：“你看，我可以用石头的粉末写 1、2、3……”（见图 1-21）

石头从哪里来？

这么多不同的石头，它们是从哪里来的呢？

芒　果：“石头是从沙子和水里来的，等沙子和水变干了就成了石头。”

萧　扬：“石头是从沙里来的，因为我们在玩沙的时候，里面能挖出很多石头。”

沐　晴：“科学家把液体变成了石头。”

锦　宸：“混凝土干了就变成石头了。”

朗　朗：“石头就是从大气层里变出来的。”

睿　睿：“沙子干了之后就形成石头了。”

我和孩子们共同收集了关于石头的资料，如绘本《石头的故事》《令人惊奇的石头》，还通过网络和家长资源，帮助孩子们继续了解关于石头的秘密。通过调查和分享，孩子们发现著名的金字塔就是用巨大的石块堆积的，中国的万里长城也是用一块块巨大的石头堆砌起来的雄伟城墙，石头可以雕刻出不同的雕像，更神奇的是外太空里也有很多石头……

神秘的石头

孩子们都觉得，石头很重，放进水里之后肯定是沉在水里的。一天，我带来了一种石头，孩子们看了都很惊讶。

秋　秋："还有巧克力石头。"

千　晓："是饼干。"

彤　彤："是洞洞石。"

朗　朗："是蚂蚁石、蜜蜂石。因为它有很多的洞洞，像它们的家。"

小　典："我觉得它是搓背的石头。"

豆　豆："我觉得它肯定是西瓜虫的家。"

圆　圆："这块石头好轻啊！"

朗　朗："那它在水里会沉下去吗？"

于是，孩子们开始做实验。锦宸兴奋地选择了两块石头，猜测说："这个黑色的大，会沉下去；这个白色的小，会浮起来。"但他发现黑色的石头居然浮了起来，于是惊讶地说："仇骞翊，你看这个石头能浮起来！"我告诉孩子们，这种神奇的石头叫"火山石"，又叫"浮石"（见图 1-22、图 1-23）。

图 1-22　"火山石"（又叫"浮石"）

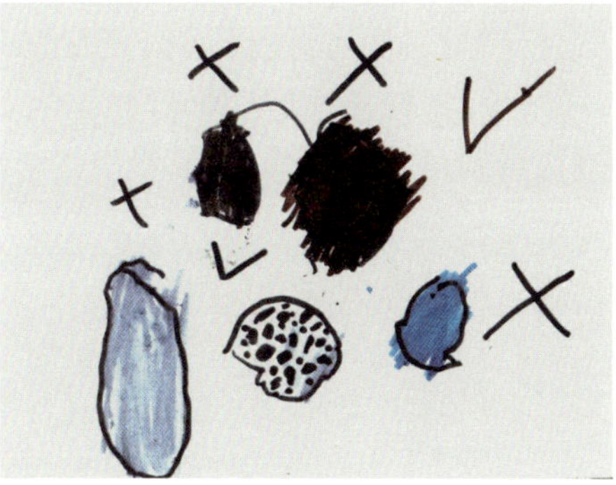

图 1-23　沉浮实验记录图

【教师简析】

石头随处可见，花坛里、草地上、小河边都能见到它的身影。看似平凡的石头，在孩子们的眼里却是宝藏，更是有趣的玩具。他们用看、敲、磨、掂等方法了解石头的外形和质地，感知石头的硬度和发出的不同声响。当看到“神秘的石头”后，他们立刻发现了石头上的小孔，基于已有的信息进行推测和判断，并进行沉浮实验以验证自己的猜想。究竟什么是石头？为什么石头有的沉有的浮，有的硬有的软？为什么敲击石头时，有的声音美妙，有的声音喑哑？在孩子们一次次的寻找、游戏和探索中，在他们的观察、记录、分享中，关于石头的经验和认知就悄然形成了。

（教师：杨娟　傅雪涵）

【同类型活动参考】

活动一：寻石大行动

建议年龄段：3~6 岁

意义与价值：在寻找各种各样的石头的过程中，感受石头的特性，萌发探究石头的兴趣。

可以讨论的话题

——你的石头是在哪里找到的？

——你找到的石头是什么样子的？它们有什么不一样？

——石头里面有什么？

——我们生活中有哪些东西是石头做成的？

可以引发的活动

——石头大不同。收集各种各样的石头，根据自己的想法，将石头进行分类组合，并说出理由。

——寻宝之旅。按照要求分别找到具有不同特点的石头，例如粗糙的石头、光滑的石头、带斑点的石头、带条纹的石头等。

——石头真有用。找一找生活中有哪些用石头做的东西，了解一下它们的用途。

活动二：石头变变变

建议年龄段：3~6 岁

意义与价值：观察、探索石头的各种形态、纹路、大小、颜色，根据石头不同的特征，大胆地进行艺术创作。

可以讨论的话题

——这块石头有什么特别的地方？

——石头可以变成什么？

可以引发的活动

——石头印染。收集喜爱的植物，用石头在布料或纸上进行敲击印染。

——石头借形。选取颜色和形状特别的石头或者可以联想到特定事物的石头进行艺术创作。

——石头演奏会。通过敲击、摩擦等各种方式寻找石头的“声音”，自由组合并举办一场有趣的“石头演奏会”。

——石头艺术展。用各种石头和一些自然物进行组合，拼搭出自己喜欢的艺术品。

活动三：好玩的石头

建议年龄段：5~6岁

意义与价值：用自己喜欢的方式玩石头游戏，在游戏中感受石头明显的特征，享受游戏的快乐。

可以讨论的话题

——你想怎么玩石头游戏？

——什么样的石头（形状、质地）能堆高？怎样让石头堆得更高？

可以引发的活动

——石头小路。挑选合适的石头，将石头排列拼接成小路，并尝试用脚或手感受石头的触感。

——石头大猜想。猜测石头的沉与浮，猜测敲击石头时的音量大小，通过实验验证自己的猜测，并进行记录。

——石头+某物体（泥、水……）实验。用石头和泥、水或其他物体进行实验，看看他们在一起会发生什么样的变化，并进行记录。

——滑行比赛。收集喜欢的石头，将它放在冰面或光滑的平面上滑动，寻找滑得最远的石头。

小提示：活动中可参考并使用表1-3、表1-4。

表 1-3　我的石头游戏

使用小贴士：用石头进行游戏或者艺术创作，然后以绘画表征或者照片的方式呈现在表格里，成人也可以对孩子的描述进行简单的记录。

表 1-4　石头+实验？

石头+？	我的发现

使用小贴士：把石头和某物体（泥、水……）放到一起进行自由探索，然后用绘画或者符号记录自己的发现，成人也可以帮助记录孩子的发现。

好玩的水

【分享时刻】3~4岁

大部分孩子都喜欢玩水，喜欢哗哗的流水声，喜欢让水从指缝间流淌。小班孩子迎来了在幼儿园的第一个夏天，与水的互动也越来越多。

玩水初体验

要出发玩水了，孩子们准备了水枪、针管、海绵、瓶子、刷子等玩水工具，开始自由玩水。卉卉和小美都选择了玩水枪："我在广场玩的时候，都是对着墙喷的！我们一起去对着墙喷，好不好？"两个女孩找到了一面墙，喷了起来。卉卉发现水喷到墙上一会儿就没有了，她自言自语地说："水怎么不见了呢？"（见图1-24）

图 1-24　用水枪喷墙

兜兜和雯雯选择了刷子。他们用刷子沾了水，但是没有纸，不知道往哪儿画。兜兜提议可以往地上画。孩子们在教室里、户外、"山洞"里自由地创作起来（见图 1-25、图 1-26、图 1-27）。

图 1-25　用水画小人

图 1-26　用水画泡泡

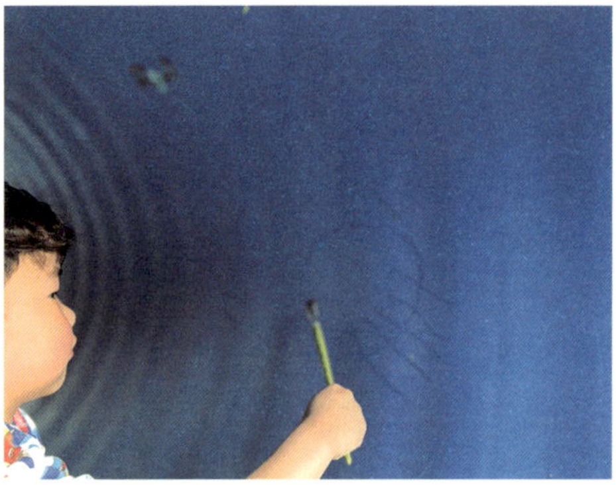

图 1-27　在“山洞”里用水画画

煊　煊：“我画了很多泡泡，教室里没有太阳，泡泡还在，在外面有太阳它就没有了。”

雯　雯：“兜兜，水没有颜色，我都看不到我画的是什么东西了！”

兜　兜：“我画的是一个小人，但它不见了，太阳把它晒干了。”

雯　雯：“对的，要有颜色才能看到画的东西呢！”

变色的水

煊煊在透明杯子里装满水后，把颜料倒进水里，一边调，还一边和身边的朋友说：“你看，我的水变成粉红色了！”“我的水也变颜色了，我的水变成绿色了！”珊珊提出了疑问：“你们的水怎么变颜色啦？”煊煊告诉她，因为加了绿色的颜料，所以水就变成绿色的了。

其他孩子也对珊珊和煊煊调好颜料的水非常感兴趣。“这些水是什么颜色的呢？”“这是怎么变成有颜色的水的？”其他孩子也开始尝试调出各种颜色的水，并想出五花八门的玩法。有的用刷子甩一甩，有的用水枪往外喷，有的在纸上滚小水珠，还有的将水从竖放纸张的上端淋下去（见图 1-28 至图 1-31）。

姜毅铮：“水像项链一样，一颗一颗的，连成一条了。”

朱古力：“水枪里的水会不停地向下流。”

青　青：“好漂亮啊！每个小水珠滚出来的样子都不一样。”

明　明：“像下雨一样，哗啦啦地直流。”

图 1-28　水枪喷画

图 1-29　刷子甩画

图 1-30　淋画

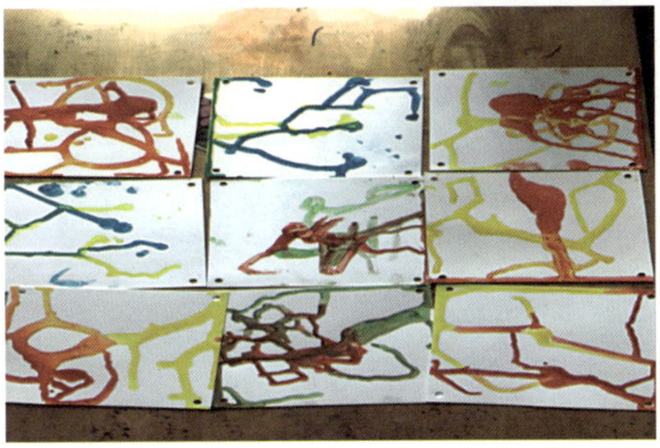

图 1-31　水珠滚画

树叶不见了

来到后花园，童童开始用玻璃瓶接水并往水里加颜料，还拿给身边的小朋友看：“你看，我的水变成绿色啦！”过了一会儿，她去找了一片绿树叶，放在了装有绿颜色水的瓶子里，然后盖上瓶盖。突然，她发现绿树叶不见了，又打开瓶盖看看，树叶还在呀！童童又去接了一杯水，找了一片绿树叶，放进去。“咦，怎么会这样？我能看见绿叶子了！”她急忙和朋友分享，告诉他们瓶子里放着树叶，但是他们都说绿色的水里没有树叶。童童拿出来给他们看，结果真的有绿树叶！旁边的小朋友都很好奇，想要知道原因，童童告诉

他们："很神奇吧，绿色的水里就看不见绿色的叶子，这个透明的水里就可以看见。"（见图 1-32、图 1-33）

"那我也要玩，我也要玩！"一时之间，好多小朋友都冲了过来，都说要玩。童童还在耐心地给其他小朋友说着自己魔术般神奇的"水"游戏。苏苏找了红枫叶，兜兜找了树枝，卉卉找了黄落叶，游游找了沙子，他们都按照童童的方法，玩起了这个好玩的游戏。兜兜举起咖啡色的瓶子问游游："你猜猜我找了什么放在这里面了？"游游说："这我怎么看得到，我要看装透明水的那个瓶子。"兜兜拿出了透明的瓶子。"哦，原来是树枝啊。"

图 1-32　藏树叶

图 1-33　树叶不见了

【教师简析】

玩水，是孩子的天性。很多孩子洗手时，都会在水池边停留很久，特别是在夏天的户外，他们都喜欢将手放在水龙头下面来回地晃动，调皮的孩子还会用手按住水龙头出水口把水滋到自己或者别人身上，然后哈哈大笑。

在我们幼儿园里，所有的孩子都有足够的时间和空间与水进行互动。他们在用自己喜欢的各种“玩具”玩水时，会听到水发出的声音、看到水的变化，获得关于水的独特感受。当有颜色的水喷洒到纸上、墙上、地上时，会出现很多奇特的画面，这也引发孩子们好奇、想象和创作。幼儿在探究过程中会不断地将新材料与游戏整合，他们的发现越多，思考也越多。创造并不是大班孩子独有的专利，即使是小班的孩子，当他们全身心地与“水”互动时，也会创造出令人惊叹的独特游戏，而这些都会带给孩子极大的愉悦感和成就感。

（教师：唐倩芸　马晶晶）

【同类型活动参考】

活动一：水的探索

年龄段：3~6 岁

意义与价值：探索用各种工具材料玩水的方法，感知水的特性，感受玩水的乐趣。

可以讨论的话题

——你用水玩过什么游戏？用了哪些工具？

——你发现水有哪些小秘密？

可以引发的活动

——装水和倒水。提供不同大小和形状的透明容器，吸引幼儿装水和倒水。

——缤纷泡沫。将颜料水与洗洁精混合制成泡沫水，幼儿将泡沫吹在纸上，泡沫消失后会留下泡泡痕迹。

——流水和水滴。利用空洗发水瓶、喷管、带按压喷头的空塑料洗手液瓶，幼儿可以探索喷水、水滴和水的移动。

——水池里的发现。在水池或者浴盆中放水，探索水流的不同方向、不同速度；制作气泡；观察各种材料在水中下沉和上浮的现象。

——水龙头的游戏。让水从水龙头里流出来，探索水流变成水滴滴下来的过程。

活动二：打水仗

建议年龄段：4~6 岁

意义与价值：幼儿可以在与同伴合作、对战的过程中体验玩水的乐趣，在躲避、奔跑的过程中发展大动作，锻炼反应能力，增强自我保护能力。

可以讨论的话题

——打水仗要做哪些准备？

——我们在打水仗的过程中要注意什么？

——怎样把水泼得更高更远？

可以引发的活动

——水枪大作战。幼儿和同伴或成人用水枪或其他玩水工具，进行对战游戏。

——护宝大作战。幼儿和同伴或成人讨论选择在对战中需要保护的“宝物”，让其不被对方的水泼到。

——水枪涂鸦。幼儿将喜欢的颜料与水混合，放入水枪中，在空白的墙面或纸面上自由涂鸦。

活动三：做饮品

建议年龄段：4~6 岁

意义与价值：

1. 体验积极动手尝试自制饮品的快乐。
2. 初步了解饮品的制作方法，增强试验操作及观察的能力。

可以讨论的话题

——你喝过哪些饮品？你知道它是如何制作的吗？

——你想做什么饮品？你知道需要哪些食材吗？

可以引发的活动

——好喝的茶。用不同茶叶和花泡制不同口味的茶。

——彩虹饮料。用不同比例的糖和不同颜色的果汁，调出分层的饮料。

——绿色饮品。收集食材，制作绿豆汤、冰糖雪梨汁、红豆薏仁水、蜂蜜水等。

小提示：活动中可参考并使用表 1-5、表 1-6。

表 1-5 水里的秘密

选择的物品	我的猜想	我的发现

使用小贴士：选择不同的物品，先猜想物品放入水中后可能发生的变化，再将物品放入水中进行观察，记录下自己的发现。

表 1-6　制作饮品

我想制作的饮品					
材料					
数量					
制作步骤					

沙池里的秘密

【分享时刻】5~6岁

沙水区，孩子们用水舀子和各种模具在建造营地。小懿负责运水，嘟嘟负责和沙子，开心和江昊然将和好的沙子填到模具里。挖着挖着，搅拌沙子的地方出现了一个小坑，当小懿连续往坑里倒水的时候，这个小坑积起了水。嘟嘟突然大叫着说："快看，这里变成小河了！"周围的小朋友都停下了手里的活儿，赶过来围观这个小水坑（见图1-34）。可是没过一会儿，小河里的水就消失了。开心说："不好啦，水被沙子吸掉了！"嘟嘟又说："小懿，水没了，你快点！"面对突然出现的小水坑，孩子们产生了浓厚的兴趣。

图1-34　出现小水坑

修建小水池

还在接水的小懿听到后回应道："来了来了，水马上就来了！"接着他又用水舀子接水倒了下去，但水一会儿又消失了。嘟嘟叫道："快快快，我们还需要，我们要大量的水。"开心说："走，我们一起去打水！"于是剩下的几人都开始了运水工作，有的用水舀子，有的用小桶，还有的用模具。在大家持续的工作下，坑里的水终于又多了起来，并且持续了好一段时间都没有消失（见图 1-35）。

“够了够了，快看现在里面的水超级多，都可以煮汤了！”说着，嘟嘟拿起铲子开始在“锅里”搅拌了起来，一会儿还挖点旁边的湿沙子放进去：“加点蔬菜。”一会儿又跑到远处，用手抓了一把干沙子撒了进去：“再放点盐，我的汤马上就煮好了。”（见图 1-36）这时还在忙着接水的开心走过来生气地说：“你别再放沙子了，马上水又要没有了！”开心对大家说：“我们又要去打水了！我们来修个水池，这样水就不会被吸掉了。”

开心提出想要修建一个小水池，他们发现坑里的水一直留不住。回到教室后我引导小朋友们进行了讨论：用什么办法才可以让水留住呢？

图 1-35　往小水坑里注水

图 1-36　“煮汤”

图 1-37　《管道接水》

凡凡：“我们可以弄一个水管接到水龙头上，再连到坑里就行了。”（见图 1-37）

小宝：“我知道怎样让水不会消失！可以在坑的最下面摆上石头，用石头把沙子和水隔开，再倒水，水肯定就不会消失了。”（见图 1-38）

开心：“我们可以用铲子把旁边的沙子都挖掉！”（见图 1-39）

小懿：“我知道，我们可以用竹筒搭一个长长的管道，然后一直接到坑里面，这样水就不会消失了！”

图 1-38 《铺石头》

图 1-39 《挖周围的沙子》

孩子们找了一些工具（水管、铲子和石头），再次来到了沙池进行游戏。开心小朋友的办法是用铲子将坑周围的土挖掉，可是他挖着挖着却发现坑变得越来越大了，他和另一个小朋友一直在加水，也没办法让水坑里的水变多，于是他在试验的中途就放弃了，然后加入了其他小组。小宝在沙坑的底下放上了石头，可是水还是在以很快的速度消失。小宝说："一定是水还不够，我们再多放点，等沙子吃饱了就可以了！"又倒了一桶水，这次虽然水消失的速度变慢了，但是没过一会儿水坑还是干了。这时小宝对旁边拿着水管的小朋友说："你把这个倒到我的坑里吧。"可是只要水管里的水一停下，水坑里的水就慢慢变少了，他们的试验也以失败告终（见图 1-40、图 1-41）。

图 1-40 三组沙坑

图 1-41 往铺上石头的沙坑注水

回到教室后我们又进行了一次讨论，小宝总结了自己失败的原因："我那个石头太大了，水都从石头缝里面流走了。"于是大家又开始思考，到底怎么样才可以不让水流走。他们在班级的材料箱里翻翻找找，找出一个塑胶袋。开心说：“这个塑胶袋不会漏水，我们明天可以试试看！”

第二天，带着塑胶袋和小水池的设计图（见图 1-42），小朋友们再次进入沙池进行实验。挖好坑后，小宝把塑胶袋放进去，开心负责注水，但袋子被水冲歪了，水还是在减少（见图 1-43）。小小说：“我们用石头把袋子压住就好了。”大家把塑胶袋整个打开并用石头压住，虽然这次在倒水过程中还是会有一些沙子被冲进去，但坑里的水慢慢变多了，也没有再变少。小宝兴奋地举起桶说：“我们成功啦！”旁边的小小提议道：“我们还可以用这些叶子和树枝把小水池装饰一下！”在孩子们的精心装饰下，漂亮的小水池终于竣工了（见图 1-44、图 1-45）。

图 1-42　水池设计图

图 1-43　被冲歪的塑胶袋

图 1-44　装饰小水池

图 1-45　竣工后的小水池

【教师简析】

孩子们对沙、水有一种天然的亲和力。沙水游戏给了幼儿亲近自然、释放自我的机会，孩子们对沙水区有着浓厚的兴趣，他们在沙池里无拘无束、自由探索并且乐此不疲。

游戏中，孩子们观察到沙坑里的水会消失，对水消失的原因进行思考。持续地倒水、把石头放在沙子里隔水、去除沙子，孩子们尝试着运用自己已有的经验来解决问题。他们不断地提出假设，进行验证，并慢慢积累新的经验。塑胶袋的出现让幼儿发现新材料的阻水性，通过试验，孩子们对于水、沙和塑胶袋的特性与关系有了新的认知。只要给孩子创设丰富的自然环境，提供更多的材料，给予充足的时间和空间，他们就能用自己的方式去探索和理解这个世界。

（教师：沈童　戚晓倩　邹吉）

【同类型活动参考】

活动一：沙池里的艺术家

建议年龄段：3~6 岁

意义与价值：鼓励幼儿用不同的方式进行艺术表征，并在幼儿涂鸦的过程中让幼儿用多感官感知沙子的基本特征。

可以讨论的话题

——你们见过沙画吗？它是怎么画的？你想用沙子画什么？

——在我们的沙水区，你还有什么办法画画呢？

可以引发的活动

——平面创作。幼儿可以徒手或使用工具在沙池中平面涂鸦或拓印。

——立体创作。幼儿可以使用工具和模具将沙子塑型，并用石头、树枝、树叶等自然物装饰，创作出立体的沙雕作品。

活动二：小小建筑师

建议年龄段：3~6 岁

意义与价值：通过沙水的建构游戏，提升幼儿空间构造、艺术表现、沟通交流的能力。

可以讨论的话题

——你想搭建什么呢？能否设计一张图纸？

——抓着沙子是什么感觉？沙子漏下来的时候是什么样的声音？

——怎样让沙砖变得结实，不容易塌下来？

可以引发的活动

——沙池堡垒。利用沙水工具、材料进行建构游戏。建构游戏需要用到的材料可以是：半剖面管、底座等直接用于建构的材料；方形、圆形、锥形的模具；铲子、桶、锹、方盘等工具。

——沙盘游戏。幼儿发挥想象，创设沙池中的情境，合作进行角色游戏（参考图 1-46、图 1-47）。

——沙中寻宝。幼儿在沙池的游戏中发现藏在沙池中的“宝物”，并与他人分享自己的发现。

图 1-46 沙盘游戏——恐龙世界

图 1-47 沙盘游戏——军事基地

活动三：沙水小实验

建议年龄段：5~6 岁

意义与价值：通过实验了解和感知沙、泥土与水的特性和差异。

可以讨论的话题

——水管中的水流为什么会改变方向呢？小球的移动速度为什么会变快？

——往泥土和沙子里浇的水不见了，去了哪里？

可以引发的活动

——干沙和湿沙。比较干沙和湿沙的区别，如颜色的深浅、触感的软硬、分散性和聚拢性等。

——沙和泥土的吸水、渗水实验。幼儿在实验中观察比较沙和泥土的吸水速度与渗水的能力（参考图 1-48、表 1-7）。

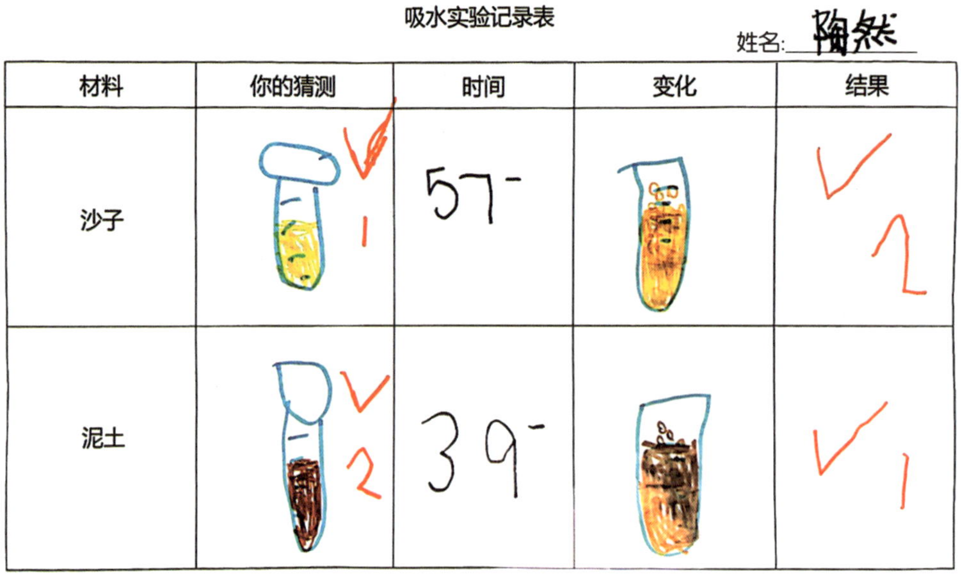

图 1-48　吸水实验记录表示范图

表 1-7　吸水实验

材料	你的猜测	时间	变化	结果
沙子				
泥土				

使用小贴士：

选取等量的沙子和泥土放入试管中，猜测这两种物质是否能吸水、哪种物质吸水性更好，然后在容器中注入等量的水，记录从注入水到水消失所用的时间，并观察试管内的沙子和泥土的变化。

第二篇

世界是奇妙的

飞翔的精灵

帮帮小乌龟吧

我的蚂蚁朋友

你好，小蜗牛

飞翔的精灵

【分享时刻】 4~5 岁

天空中飞来飞去的鸟儿常常给孩子们带来无尽的遐想，他们会在幼儿园的各个角落发现小鸟的踪迹（见图 2-1、图 2-2）。

唐　喆：“对面房顶上有一只黑色的鸟。老师你看，我找到了一根白色的羽毛。”

朱昶霖：“我看到一只大鸟和很多小鸟都是黑色的，在电线杆上。”

马振钊：“在屋顶上还有一只灰黑色的小鸟。”

许晟哲：“在电线上有一只黄灰色的小鸟。”

图 2-1　看到小鸟啦

图 2-2　发现羽毛

寻找观鸟基地

孩子们对神秘的小鸟很感兴趣，于是我们成立了观鸟小分队。“幼儿园的户外那么宽广，哪些地方适合观鸟呢？”孩子们展开了热烈的讨论。

唐　喆：“后花园就有一个观鸟台，我们可以在上面观鸟啊！”

景　陈：“我觉得树屋也不错，我们可以待在树屋里的窗边看小鸟，它们总喜欢飞到树上去！”

图 2-3　观鸟地图

古明熙：“我在操场上玩的时候总能看到小鸟从我头顶上飞过去，操场上也能看到小鸟呢！”

韩乐仪：“‘山洞’里也很适合，躺着就可以看到玻璃外面天上的小鸟了。”

于是孩子们按照自己的意愿分成四组，出发了（见图 2-3）！

后花园观鸟台

黄祖晗：“观鸟台好高，可以看到更远处的小鸟。”（见图 2-4）

许若熙：“嘘，我们看到对面的电线杆上有两只小鸟在休息呢！”（见图 2-5）

图 2-4　观鸟中

图 2-5　我看到变大的小鸟啦

山洞管道

唐　喆：“管道里很隐蔽，小鸟看不见我们，就会飞过来找我们啦。”

（见图 2-6、图 2-7）

鲍宇阳："在大树下，安安静静地等待小鸟飞过。"

李思乔："藏在'山洞'的里面，等小鸟从头顶飞过，最好能落在山坡上。"

图 2-6　与小鸟玩捉迷藏

图 2-7　安静等待

前操场树屋

张墨然："离大树更近，是不是会看得更清楚呢？"（见图 2-8）

朱昶霖："停在小学（镇江市中山路小学大禹山校区）屋顶上的小鸟，这里也能清楚地看到哦！"

蒋哲昊："有小鸟停在栏杆上。"（见图 2-9）

图 2-8　滑梯下观鸟

图 2-9　操场上观鸟

观鸟小能手

在观鸟的过程中，孩子们也发现了需要注意的事情。

毛冠杰：“观鸟的时候有的小朋友大声地说话，小鸟听见了就会发现我们，它就不会再飞过来了。”

小　米：“老师，我们在观鸟的时候要小声一点，不然小鸟听到声音就飞走了。”

交流之后，孩子们改进了观鸟的方式，这一次他们是怎么观鸟的呢？秘诀就是：静悄悄地藏好自己（见图 2-10 至图 2-13）。

图 2-10　躲在木桩后

图 2-11　藏在箱子里

图 2-12　躺在滑梯里

图 2-13　藏在管道后

鸟儿是这样飞的……

躲藏起来的小朋友们发现了鸟儿飞行的秘密。

蒋沐微：“我藏在滑梯里，发现小鸟从低处往高处飞，从房子旁边飞下去了。”

章诗语：“我躲在木桩后面，发现小鸟从一栋楼房飞到另一栋楼房上。”

贾卓衡：“我在沙池里发现了一只灰色的鸟。爸爸告诉过我它是斑鸠，因为它的脖子上有很多白色小圆点。”

孙浩荃：“我在观鸟台上发现电线上有两只身体是黑色的小鸟，它们的嘴巴是橙色的。”

许晟哲：“我藏在管道里，看到了一只长尾巴的小鸟，在空中一会儿向上飞，一会儿向下飞，最后停在了树枝上。”（见图 2-14）

图 2-14　孩子们画的“飞行中的小鸟”

经过多次观鸟，孩子们也收获了很多。我们一起查阅了相关资料，发现白头翁、树麻雀、斑鸠、乌鸦和灰喜鹊这几种小鸟是幼儿园的常客。孩子们以绘画和用黏土制作的方式展示鸟儿的形象（见图 2-15 至图 2-18）。

图 2-15　画灰喜鹊

图 2-16　景陈画的《灰喜鹊》

图 2-17　用黏土制作小鸟

图 2-18　用黏土制作的戴胜鸟

"蜂鸟" or "蜂鸟鹰蛾"

一天午饭后散步，我们来到了花草园。突然，一个孩子喊了声："大家过来！有只蜂鸟！"小朋友们赶紧围了上去。实在太激动了，我也赶紧拿出手机拍摄。因为第一次看到"蜂鸟"，回到教室后大家都很兴奋，我立即和孩子们一起查阅资料。这时，曦曦小朋友提出了她的疑问："老师拍的蜂鸟头上怎么有两根须须呀？"大家一起仔细观察视频和照片资料之后发现，我们看到的"蜂鸟"其实并不是蜂鸟，而是和蜂鸟很像的"蜂鸟鹰蛾"（见图 2-19）。

虽然不是蜂鸟，不过小朋友们还是很开心地画了蜂鸟鹰蛾的画（见图 2-20）。

图 2-19　蜂鸟鹰蛾

图 2-20　《蜂鸟鹰蛾》

【教师简析】

鸟，是在天空中飞翔的精灵，因此也得到了孩子们特别的喜爱。鸟儿的身姿几乎会出现在每个孩子的绘画中。但在生活中，孩子们却很少关注身边真实的小鸟。在这次园内的观鸟活动中，幼儿从最初的好奇到在园内寻找最佳的观鸟地点，再到不断总结经验，成功地看到各种各样的小鸟及它们不同的飞行姿态。孩子们的兴趣不断变浓，而蜂鸟的出现则让他们的热情达到了最高点。孩子们在活动中不仅提升了认知，耐心、专注力、发现和解决问题的能力都得到了发展，更重要的是孩子们明白了自己的观察行为不应该影响鸟儿正常的活动，懂得了人和鸟类要和平相处的道理。尊重生命的“种子”，已悄然在孩子们的心中播下。

（教师：乔晨悦　孙蓓）

【同类型活动参考】

活动一：寻鸟

建议年龄段：5~6 岁

意义与价值：幼儿尝试利用工具观察小鸟，尝试通过语言、绘画等表现其特征。

可以讨论的话题

——哪里有小鸟？它容易找吗？是不是每天都可以看见？有没有比较特别的？

——鸟儿的大小、形状有什么不一样？有哪些颜色？都采用同样的飞行方式吗？

——观鸟的时候需要注意什么？可以用什么工具观察？

——你发现的鸟是什么样子的？有什么有趣的发现？

可以引发的活动

——寻鸟。设计寻宝清单，鼓励幼儿去观看、搜索、侦查与鸟有关的东西。如一只褐色的鸟、站在地上的鸟、鸟巢、鸟的足迹、一片羽毛等。

——观鸟。学会使用各种工具（望远镜、放大镜、鸟类图鉴）进行观鸟，观察鸟的外形、飞行动作等。固定在一处持续观察小鸟，记录鸟的表征，从中发现小鸟行为的规律。

——吸引小鸟。引导幼儿讨论吸引小鸟的方法。

活动二：与鸟儿对话

建议年龄段：5~6 岁

意义与价值：让幼儿学会聆听大自然的声音，激发探索意识和对其他生物的好奇。

可以讨论的话题

——鸟儿在一天中的什么时间段最爱鸣叫？

——鸟儿什么时候最安静？

——你听到了什么样的鸟鸣？

——鸟儿的叫声表达了它怎样的心情？是欢快、伤心、放松、紧张还是恐惧？

——你最常听到的是鸟儿的哪种叫声？可以学一学吗？

可以引发的活动

——鸟言鸟语。到有鸟儿的户外场地去聆听鸟儿的声音，并做好相应的记录。

——和鸟儿对话。选择一种熟悉的鸟叫声，模仿鸟儿的声音和情绪。

活动三：鸟儿朋友

建议年龄段：5~6 岁

意义与价值：创造性地使用各种材料，尝试制作与鸟儿相关的作品。

可以讨论的话题

——你见过鸟窝吗？鸟窝是什么样子的？制作鸟窝需要什么材料和工具？

可以引发的活动

——艺术活动。用泥巴、黏土等制作看到的鸟儿。

——爱鸟标志。设计鸟儿饮水、取食物的标记。

——鸟窝。收集各种自然材料，模仿小鸟搭窝。

——写生。近距离观察家中饲养的小鸟或者小鸟的图片，选择自己喜欢的材料对小鸟进行写生。

活动四：冬天里的鸟儿

建议年龄段：5~6 岁

意义与价值：冬天，小鸟是如何过冬的？它们会冬眠吗？会被冻死吗？孩子们带着疑问去了解鸟儿的过冬方式。

可以讨论的话题

——冬天到了，在户外还能经常看见鸟吗？

——冬天，鸟儿都去哪儿了？鸟儿是怎样过冬的？

——说一说你知道的鸟儿过冬的方式。

——我们可以怎样帮助小鸟过冬？

可以引发的活动

——为小鸟供水。让幼儿在灌木或大树附近为小鸟放置水盘，定期管理，保证水盘清洁、水量充足。

——鸟的迁徙。通过观看视频和实地观察候鸟，了解鸟类不同的过冬方式。

——制作喂鸟器。利用废旧材料制作喂鸟器，把喂鸟器悬挂在大树上，并持续关注鸟食的状况。

帮帮小乌龟吧

【分享时刻】3~4岁

秋天到了，很多小朋友都带了可以饲养的小动物，其中有16只小乌龟！我们根据品种，将小乌龟们分装在各个大水箱中。今天，孩子们饶有兴趣地围着小乌龟们观察，可是发现它们都不动。

邱　婳："它们怎么老不动啊？不运动就长不高了。"

陈　彧："我姐姐说小乌龟在冬天要睡觉。"

杨语恬："现在还不是冬天呢！它们就是懒乌龟！"

戴敬恒："让它们比赛！动起来就能长大了。"

黄景仪："缸子里太小了，我们拿出来就好了。"

王沁童："我害怕！它们会咬小手吗？"

黄悠然："不用怕！它们这么小。我们可以用小网子捞它们！"

孩子们说完从鱼缸里捞出了几只小乌龟（见图2-21），我们并没有阻止。

图2-21　把小乌龟捞出来

因为一直以来，孩子们总是隔着玻璃观察小鱼、小乌龟，隔着笼子观察小兔、小仓鼠，那一点点的空间束缚着小动物，也束缚着孩子们。当孩子们将乌龟拿出鱼缸时，我期盼看到孩子们接下来的举动，没有束缚的小乌龟也许会给孩子们带来更多"新鲜"的感受，更重要的是孩子们打破了"禁锢"，可以自由地与小动物接触。

脱离了鱼缸“束缚”的乌龟表现得截然不同，一只很好动，一只总是缩在壳里。

谈欣宸：“这一只真淘气，到处乱跑。那一只怎么那么懒呀！”

何乐凡：“我们每天都把它们拿出来，让它们锻炼身体！”

许潇然：“我爸爸每天都去健身房锻炼身体的！我们也给它们找个健身房！”

郭子约：“我们用积木搭就可以了！”

教　师：“你们的想法太棒了！我们可以用旧积木和石头帮小乌龟搭建健身房。”（见图 2-22、图 2-23）

图 2-22　搭建乌龟健身房

图 2-23　乌龟去健身啦

孩子们的世界充满爱与奇妙的想法。他们根据小乌龟的特点给它们取名为“皮皮”和“小懒虫”，并将自己的户外锻炼经验运用到活动中，主动给小乌龟搭建了合适的运动场所。接下来孩子们又会有什么富有创意的想法呢？

小乌龟生病了！

在和小乌龟的互动中，孩子们发现：皮皮真的锻炼起来了，又钻“山洞”又爬山；小懒虫却总是闭着眼睛趴着，一连好几天都这样缩在壳子里。孩子们猜测，小懒虫是不是生病了？

蔡沐妍：“小懒虫怎么老是不动？它太懒了吧！”

邱　婳："它肯定是肚子疼了，你看缸子里的水绿绿的、臭臭的，它喝了脏水就会肚子疼。"

陈　彧："小懒虫肯定是肚子疼，我肚子疼就不能动，想要妈妈抱。"

周奕霖："它是不是要生宝宝了？我小姨生宝宝就肚子疼。"

孙韫瑾："是不是给它吃多了啊？"

图 2-24　给乌龟换水

孩子们结合自己的生活经验寻找原因，并反思饲养小乌龟的方式是否合适。大家都商量先不给小懒虫喂食，让它肚子空一空，并给小懒虫换水，希望水干净了它就能动起来（见图 2-24）。

可是连续两天，孩子们发现小懒虫还是不动，一只眼睛还变白了，身上的壳也变软了，壳的边上都破了！

杨语恬："小懒虫太可怜了，为什么它的壳软软的啊！"

季宇轩："它老是不动，没有力气，壳就软软的了！"

张玉璋："不对，它应该是生病了！"

陈　彧："张老师，小懒虫的边边（龟壳边缘）少了一块！肯定疼死了！"

孙韫瑾："怎么办啊，把小懒虫送去医院！"

陈　彧："有给小狗看病的医院，可是没有给乌龟看病的啊！"

瑶　瑶："我的爸爸妈妈是医生，让我妈妈给小懒虫看病！"

后来，我们将小懒虫的照片发给瑶瑶的妈妈看，她热心地为我们查阅了资料，还请教了很多人，诊断的结果是小懒虫的眼睛发炎了（白眼病），需要给它消炎，并且要与其他乌龟隔离开来，不然小乌龟之间是会传染的（见图 2-25）。

瑶瑶妈妈的诊断让孩子们着急起来。

邱　婳："怎么办啊？小懒虫要住院了。"

谈欣宸：“我上次住院就在一个病房里待着，只能有一个家长陪着。我们也要把小懒虫放在一个病房里才行呢。”（见图 2-26 至图 2-28）

图 2-25　“小懒虫”生病了

孩子们找来了一个空的玻璃缸，刷洗干净后，把生病的小乌龟放了进去。

杨语恬：“小懒虫生病了，我们不要打扰它，先不要和它玩了。”

教　师：“怎么样才能让其他小朋友知道它生病了，不要打扰它呢？”

方奕辰：“我们把医院的那个画画（红十字标志）贴上去，就像医院一样。”

图 2-26　先放进隔离病房

图 2-27　画个医院标志

图 2-28　隔离病房制作完成

禹　论：“我们要和所有的小朋友，还有隔壁的哥哥姐姐说一下！告诉他们现在不能打扰小乌龟。”

教　师：“我们回家想一想办法，治治小乌龟的眼睛吧！”

我们建议孩子们回家和爸爸妈妈一起讨论，查找给小乌龟治疗的方案。第二天孩子们带了盐、茶叶、眼药水、眼药膏、阿奇霉素……孩子们纷纷介绍了给小乌龟治病的方法（见图 2-29 至图 2-32）。

蔡沐妍："妈妈说在水里加盐，给小乌龟泡泡就可以杀菌了。"

张玉璋："妈妈给我买了一瓶眼药水，可以用来滴小乌龟的眼睛。"

王沁童："这个是眼药膏（红霉素），可以挤在小乌龟的眼睛里，过一晚上就好了。"

图 2-29　用棉签蘸眼药膏

图 2-30　给"小懒虫"涂药

图 2-31　制作盐水

图 2-32　用盐水擦拭

孩子们把盐放进水里兑好，又用棉签蘸着盐水给小懒虫消毒，点上眼药膏，小心翼翼地生怕伤害到小乌龟。

一天早上，孩子们像往常一样，一入园就和小乌龟们打招呼。可是这次小懒虫一动也不动，孩子们经过再三查看，最终遗憾地发现，小懒虫死了。面对死去的小懒虫，孩子们非常难过……

小乌龟的葬礼

小懒虫的死亡给小朋友幼小的心灵带来了不小的震动，他们关于死亡的话题多了起来。

吴　铮：“小懒虫到天堂了。我妈妈说人去世了就要去天堂了。”

瑶　瑶：“天堂是哪里？”

姚晋雲：“我爸爸说人死了要埋进土里，还要在一块石头上写上死去的人的名字。”

教　师：“我们要怎么安葬小懒虫呢？”

蔡沐妍：“我们也把它埋进土里吧。”

教　师：“埋在哪里合适呢？”

杨语恬：“五楼小菜园最漂亮，我们去五楼吧！那里还有很多泥土。”

大家都同意选择这个地方。

孩子们还把小懒虫最喜欢的龟粮撒在了小懒虫的身边（见图 2-33 至图 2-36）。

图 2-33　先挖土

图 2-34　将小乌龟埋起来

图 2-35　“小懒虫”爱吃的龟粮

图 2-36　画下小乌龟，一起想念它

教　师：“现在有什么想对小懒虫说的吗？”

季宇轩：“好可怜，以后我们要更温柔地对待小乌龟，不能让它们的壳子破了（眼睛发炎才会破壳）。”

方奕辰：“我们每天都给小乌龟换水，晒一晒，不让它们喝自来水了，会拉肚子。”

李哲然：“我们帮所有小乌龟都加上一点盐消毒，其他乌龟就不会死了。”

【教师简析】

饲养、救治、埋葬小乌龟这一系列事情，从发生到结束不过2个月的时间，却让我们深深地感受到了孩子们对小乌龟纯朴而真挚的感情。他们让小乌龟健身运动，看似幼稚可笑，他们对小乌龟的救治，看似“劳而无功”，但都深深地打动了我们。这是幼小的心灵和小小生命之间的情感交流。对于同样幼小的孩子们来说，小乌龟的死是一件“震撼人心”的事情。在故事的最后，我们带着孩子们参加了“小乌龟的葬礼”，让孩子们对小乌龟的情感有了最后的寄托。在“帮帮小乌龟”的整个过程中，孩子们懂得在特定的情景下换位思考，学会理解、照顾和挽救幼小的生命，这是一件多么了不起的事情呀！谁说小班孩子幼小无忧？他们已经开始尝试理解生命的意义，并在自己的行动中爱惜和尊重生命了。

（教师：张雨周　潘静）

【同类型活动参考】

活动一：乌龟的秘密

建议年龄段：4~5 岁

意义与价值：通过自主探究初步了解乌龟的特征，萌发喜欢乌龟的情感。

可以讨论的话题

——你养过乌龟吗？乌龟是什么样子的？它们长得一样吗？

——乌龟生活在哪里？它爱吃什么？

——仔细观察乌龟，你还有什么有趣的发现？

可以引发的活动

——看看我的乌龟。观察乌龟的外形、龟壳的纹路，爬行的动作等。

——硬硬的壳。乌龟的壳有什么作用？它被触摸后会怎么样？

——爱吃的乌龟。准备各种各样的食物，观察乌龟喜欢吃什么。

活动二：我的宠物朋友

建议年龄段：5~6 岁

意义与价值：通过照顾小宠物，了解它们的生活习性，懂得爱护小动物。

可以讨论的话题

——你养过宠物吗？它是谁？叫什么名字？

——它爱吃什么？你是怎么照顾它的？

——你和它在一起的时候发生了什么有趣的事？你有什么感受？

可以引发的活动

——宠物肖像。通过绘画、泥塑、剪贴等自己喜欢的方式制作宠物肖像。

——宠物大咖秀。模仿自己喜欢的宠物。

活动三：我有一个宠物梦

建议年龄段：5~6 岁

意义与价值：对养宠物充满期待。尝试了解自己想养的宠物，知道要爱护和照顾宠物。

可以讨论的话题

——你想养什么宠物呢？你想给它取什么名字？

——你知道要怎么养它吗？你能为它做些什么？

——你想和它做些什么好玩的事？

可以引发的活动

——宠物小档案。通过调查，建立自己想认养的宠物的小档案（参考表 2-1）。

——爱宠大行动。参观宠物医院、救助站，尝试照顾流浪的小动物，学习照料宠物的正确方法。

表 2-1　我的宠物档案

主人姓名		主人年龄	
宠物昵称		宠物年龄	
我们是这样遇见的 （认养宠物的时间和故事）			
它的样子 （绘画或者照片）			
它最喜欢吃……			
它最喜欢玩……			

我的蚂蚁朋友

【分享时刻】 3~4岁

有一天，孩子们散步时，在台阶上发现了很多小蚂蚁，他们兴奋地围着小蚂蚁看来看去，一起谈论着自己的发现。

王艺菡："蚂蚁好小啊，蚂蚁怎么那么多！"

张睿哲："我在小花园也看到了好多蚂蚁呢！"

张墨然："蚂蚁怎么有黄色的、有黑色的呢？"

秦钰洋："这儿也有，这里两只蚂蚁打架了，老师您快看呀！"

张恩睿："我还发现了蚂蚁洞，蚂蚁是不是都生活在洞里呢？"

潘灵熙："蚂蚁在洞里怎么生活呢？"

孩子们对寻找蚂蚁产生了浓厚的兴趣，他们在小花园、小菜地、草地上、洞洞里都找到了蚂蚁。

跑掉的大黑蚂蚁

春天到了，孩子们远足油菜田时发现了一只很大很黑的蚂蚁，他们用观察盒把它带回了幼儿园。由于从来没见过这么大的蚂蚁，他们总是会拿放大镜去看这只蚂蚁（见图 2-37、图 2-38）。

吕睿芃："这只蚂蚁的头真大，它的屁股也大呢！"

张睿哲："我们幼儿园里的蚂蚁好小啊，有的颜色是黄黄的，可是这只蚂蚁又黑又大！"

张恩睿："这只蚂蚁的脚有点长。"

吕宜然："我还看到蚂蚁头上有两条腿呢！"

张睿哲："不是，那是触角。"

在孩子们兴趣正浓的时候，过了一天，这只大黑蚂蚁跑掉了……

图 2-37　观察大黑蚂蚁

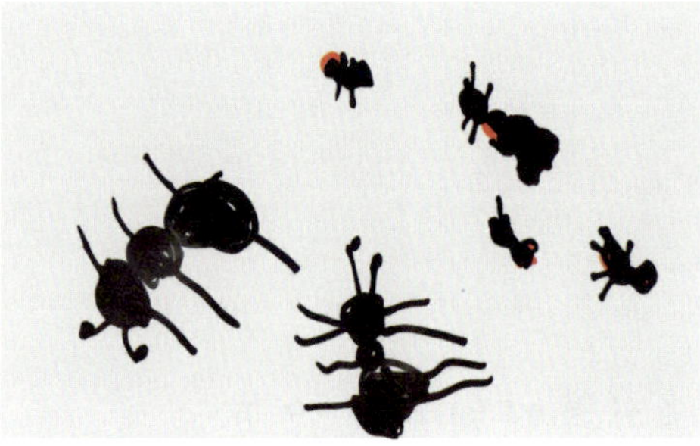

图 2-38　大蚂蚁和小蚂蚁

爱吃水果的蚂蚁

由于孩子们对蚂蚁兴趣渐浓，我们在班级里放置了蚂蚁工坊，以便他们近距离地观察蚂蚁，了解蚂蚁的生活方式。在观察蚂蚁的过程中，孩子们提出给蚂蚁带一些吃的，可是带什么呢？潘灵熙小朋友说："我觉得蚂蚁喜欢吃葡萄，我明天早上给它们带葡萄吃吧。"还有的小朋友说带苹果、带桃子。

在之后的时间里，孩子们继续观察，还陆陆续续投放了很多食物：菜叶、香蕉、火龙果、猕猴桃、苹果、西瓜、玉米粒……孩子们发现蚂蚁最爱吃甜甜的水果（见图 2-39、图 2-40）。

图 2-39　喂食蚂蚁

图 2-40　观察蚂蚁的饮食习惯

蚂蚁的家

在喂蚂蚁吃东西的这几天，孩子们还发现了蚂蚁的另一项本领：挖洞穴。

章诗语："沙子里出现弯弯曲曲的小路了！"

张政赫："看，这几只蚂蚁在使劲地扒沙子！"

张睿哲："挖通了，挖通了，这只蚂蚁从这个洞口进去了，它还可以从另一边出去！"

孙浩荃："它们好厉害呀，原来蚂蚁洞穴真的是它们自己挖出来的呢！"

朱萌荞："好多蚂蚁一起挖，洞穴就变得大大的、长长的！"

王艺菡："这么大的洞穴，晚上蚂蚁可以在里面睡觉，它们还会把好吃的食物拖进家里和其他蚂蚁一起吃呢！"（见图 2-41、图 2-42）

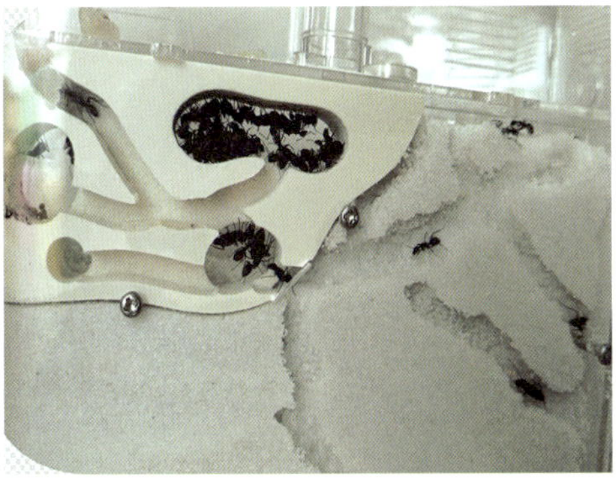

图 2-41　蚂蚁洞穴

图 2-42　记录蚂蚁爱吃的水果

捉蚂蚁

在户外，孩子们想和蚂蚁玩耍做游戏，但是蚂蚁太小了，怎么才能捉到蚂蚁又不伤到它呢？孩子们想到了各种各样的方法。

马诗涵："我让它爬到我的手指上来，我就可以跟它玩啦！"

何定轩："我不敢用手，但是我可以用小树枝让它自己爬上来！"

薛润彬："那我就用小树叶吧！"

张宇扬："我可以用教室里的吸管，这样它可以爬进吸管里！"

章诗语："我用饼干吸引它过来吃！"

就这样，孩子们用自己的方法去捉蚂蚁，有的让蚂蚁在自己拿的小木棍上转圈圈；有的观察蚂蚁在树叶上不断地移动；有的将饼干捻碎了放在吸管的管口，静静地等待蚂蚁爬进去；有的和同伴合作，用多根吸管围堵蚂蚁。游戏结束之后，孩子们又将小蚂蚁轻轻地放回草地里（见图 2-43、图 2-44）。

图 2-43　分享与蚂蚁游戏的快乐

图 2-44　捉蚂蚁的方法

【教师简析】

小班孩子因为年龄较小，他们的视线离地面是很近的，可以很快地观察到地面上细小的东西，所以他们更容易关注到蚂蚁。蚂蚁到底长什么样子呢？蚂蚁住在哪里呢？孩子们对蚂蚁或多或少都有了一些了解，很愿意去接触它。

在发现蚂蚁的时候，孩子们是惊喜的，他们急切地与同伴交流自己的发现；远足时发现大黑蚂蚁，孩子们是敏锐的，他们观察到两种蚂蚁（大黑蚂蚁与幼儿园里的蚂蚁）在颜色、外形、大小上的不同，还描述出了“触角”的细节；在饲养蚂蚁的过程中，孩子们是好奇的，他们用不同的食物去验证自己的猜想，了解不同的蚂蚁对食物需求的不同；在捉蚂蚁的游戏中，孩子们是聪慧的，他们用自己的方法巧妙地捕捉蚂蚁，并分享捉蚂蚁时不伤害蚂蚁的经验。这个过程里，无不体现着孩子们自己独特的体验。我们也和孩子们一起，在蚂蚁的微观世界里，探寻到了无法言喻的快乐！

（教师：陈婷婷　凌莉）

【同类型活动参考】

活动一：寻找蚂蚁

建议年龄段：4~6 岁

意义与价值：观察了解蚂蚁的基本生活状态。

可以讨论的话题

——你看过蚂蚁搬运食物吗？它们搬的是什么？它们是怎么搬的？搬到哪里去了？

——蚂蚁喜欢什么食物？

——你知道蚂蚁在哪里生活吗？

——蚂蚁会把食物储藏在哪里？

——你还有什么发现？

可以引发的活动

——蚂蚁运食（见图 2-45）。模仿蚂蚁合作运食，体会团结协作的力量。

——神秘的地下王国（见图 2-46）。利用建构材料搭建蚂蚁的洞穴。

——洞穴里的秘密（见图 2-47）。观察蚂蚁工坊，了解蚂蚁的生活习性及洞穴的构造。

图 2-45　观察蚂蚁运食

图 2-46　神秘的地下王国

图 2-47　洞穴里的秘密

活动二：我眼中的蚂蚁

建议年龄段：4~6 岁

意义与价值：观察蚂蚁，用艺术表征的形式大胆表达“我眼中的蚂蚁”。

可以讨论的话题

——你在哪里见过蚂蚁呢？

——蚂蚁是什么样子的？

可以引发的活动

——“我”看到的蚂蚁。用绘画、泥塑、剪贴等自己喜欢的方式制作蚂蚁。

——奇特蚁穴。观察蚂蚁工坊中蚁穴的奇特构造，设计蚂蚁迷宫并游戏。

你好，小蜗牛

【分享时刻】3~4岁

孩子们在后花园里发现了一只蜗牛的壳（见图 2-48），于是带回教室放在了观察盒里。汤梓晨小朋友发现小蜗牛露出了小脑袋和小尾巴，这引来了很多小朋友的围观（见图 2-49、图 2-50）。孩子们和这个“新朋友”有了第一次的亲密接触。

图 2-48　发现蜗牛壳

图 2-49　蜗牛壳吸在了盖子上

图 2-50　小蜗牛头伸出来了

和小蜗牛的亲密接触

孩子们又在花园里陆续找到了很多蜗牛，他们非常激动。蜗牛是什么样的呢？（见图 2-51、图 2-52）

周星呈：“蜗牛有个壳。”

汤梓晨：“蜗牛有壳和眼睛。”

刘骐榕："蜗牛有眼睛，还有尾巴。"

杨佳美："蜗牛在睡觉，它是蜷起来睡的。"

郭彦希："有长长的触角，上面有它的眼睛。"

图 2-51　观察小蜗牛

图 2-52　小蜗牛露出了小脑袋

看！蜗牛！

孩子们对这个"新朋友"都特别好奇，每天都有讨论不完的话题。

刘铭轩："为什么小蜗牛走过去的地方黏黏滑滑的？"

章文楷："为什么我一碰小蜗牛，它就躲到壳里了？"

张翰文："蜗牛的嘴巴那么小，有牙齿吗？"

一天，郭彦希妈妈带着一本有趣的绘本和小朋友们讲了有关蜗牛的小秘密。"小蜗牛走过的地方有条线，是因为在蜗牛的脚上长有一种叫作足腺的腺体。足腺会分泌一种黏液，这种黏液有润滑的作用，可以减少蜗牛足部与地面的摩擦，帮助它们爬行。更神奇的是，别看小蜗牛的嘴巴那么小，里面竟然有两万多颗牙齿，蜗牛是牙齿最多的动物哦！"

小朋友们认真地听了郭彦希妈妈的讲解，并创作了与蜗牛有关的作品

（见图 2-53、图 2-54）。

图 2-53 捏小蜗牛

图 2-54 画小蜗牛

我和小蜗牛玩游戏

游戏时间，孩子们总是围在小蜗牛的旁边和小蜗牛做游戏，例如：“比谁爬得高”“比谁爬得快”“小蜗牛滑滑梯”“开火车”（见图 2-55 至图 2-62）。

宋元辰：“小蜗牛会粘在瓶子上，好像被吸住了。”

古明熙：“小蜗牛的身体有黏性，粘在树枝上不会掉下来，好厉害呀！”

宗妤湒：“小蜗牛身体拱起来就往前爬了。”

徐煜哲：“小蜗牛爬的时候肚子在一上一下地动。”

图 2-55　比谁爬得高

图 2-56　小蜗牛粘在木棍上

图 2-57　小蜗牛爬过的痕迹

图 2-58　小蜗牛粘在木棍上不会掉下来

图 2-59　小蜗牛滑滑梯

图 2-60　小蜗牛开火车游戏

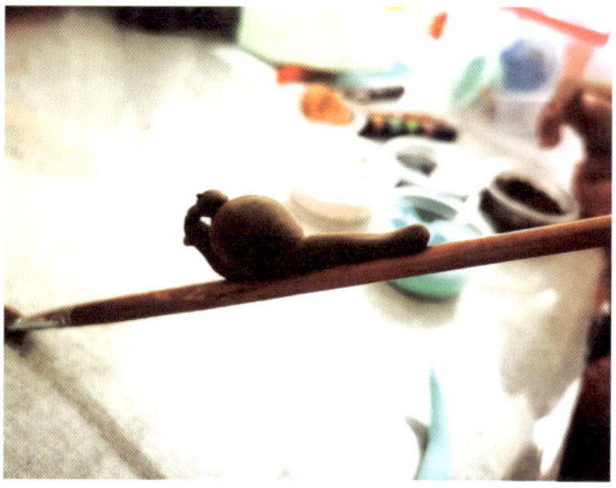

图 2-61　小蜗牛从木棍上慢慢往下爬

图 2-62　小蜗牛在排队

蜗牛逃跑了？

中午睡觉时，汤梓晨小朋友一脸委屈地跟我说："老师，我的蜗牛不见了。"我一看，蜗牛真的不见了，里里外外找遍了都没有，我觉的蜗牛有可能是从缝里爬出去了。趁孩子们睡着了，我把电筒打开寻找蜗牛，发现蜗牛在萝卜的叶子上呢。起床后我告诉孩子们蜗牛找到了，孩子们一个个高兴得跳了起来。有孩子说：“蜗牛在吃叶子吗？是不是饿了呀？”于是我们让孩子和爸爸妈妈一起调查探讨小蜗牛吃什么，把蜗牛会吃的东西带到幼儿园，和孩子们一起做了记录和统计，做了小蜗牛主题墙。孩子们总是围在旁边讲述自己的发现（见图 2-63 至图 2-65）。

图 2-63　小蜗牛粘在了叶子上

蜗牛的秘密调查表

桃花开了，柳树绿了，小鸭子在河里欢快地嬉水，草地上开满了各种各样的花，春天是一个温暖而美丽的季节！孩子们可以观察到花草树木的变化，发现气温、人们的穿着等变化，真切地感受到春天来了。

在近期的户外学习中，孩子们发现了蜗牛，并对蜗牛产生了浓厚的兴趣。爸爸妈妈们，为了满足孩子们的好奇心，支持孩子们深入探究蜗牛，大家可以利用周末时间，和孩子一起查阅有关蜗牛的资料，陪伴孩子进入奇妙的蜗牛世界，并且用图文并茂的方式记录下来。

1. 蜗牛喜欢吃什么？

“我”是一名“小吃货”，但为了自己健康，“我”喜欢吃素，比如一些新鲜的蔬菜，但也会吃一些香甜的水果。

2. 蜗牛喜欢住哪儿？

嫩绿碧绿的叶子，绿绿的草丛是“我”的家，潮湿的泥土也是“我”的家。

图 2-64　亲子调查表示范图

我们的发现

一天，徐煜哲小朋友打开蜗牛盒子说：“好臭啊！”

章文楷：“看！这黑的是什么啊？”

刘铭轩：“这是蜗牛屎吧？”

汤子炫：“黑黑圆圆的，一团一团的屁屁。”

郭彦希：“是黑色的，像长长的一条线。”

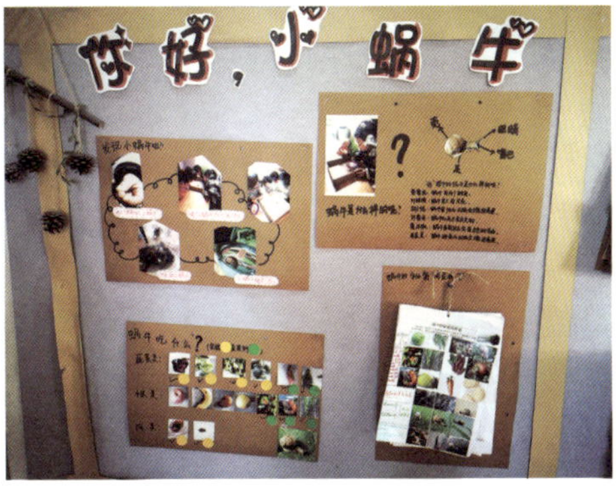

图 2-65　小蜗牛主题墙

经过一段时间的喂养，孩子们发现小蜗牛是不挑食的宝宝，小朋友们带来的“美食”它都吃。有一天，孩子们惊奇地发现，小蜗牛屉屉颜色不再是黑黑的了，变成红色的了，怎么会这样呢？有的孩子说：“小蜗牛是不是拉肚子了？”还有的孩子说：“小蜗牛会不会跟我们一样啊，我吃了火龙果也会拉出红色的屉屉。”后面接连几天，小蜗牛的屉屉颜色都不一样，红色的屉屉是它吃了西红柿拉出来的，橘色的屉屉是吃了胡萝卜拉出来的，黄色的屉屉是吃了哈密瓜拉出来的，绿色的屉屉是吃了空心菜拉出来的。原来小蜗牛吃什么颜色的食物，拉出来的屉屉就是什么颜色的。我们上网查看了资料，也证实了这一点（见图 2-66 至图 2-73）。通过对蜗牛的了解，我们得知蜗牛其实对农作物有非常大的危害，不能随便放生，所以我们决定在放假的时候，让喜欢蜗牛的小朋友带回家饲养。

图 2-66　给小蜗牛喂西红柿

图 2-67　红色的屉屉

图 2-68　给小蜗牛喂胡萝卜

图 2-69　橘色的屉屉

图 2-70　给小蜗牛喂哈密瓜

图 2-71　黄色的屁屁

图 2-72　给小蜗牛喂空心菜的叶子

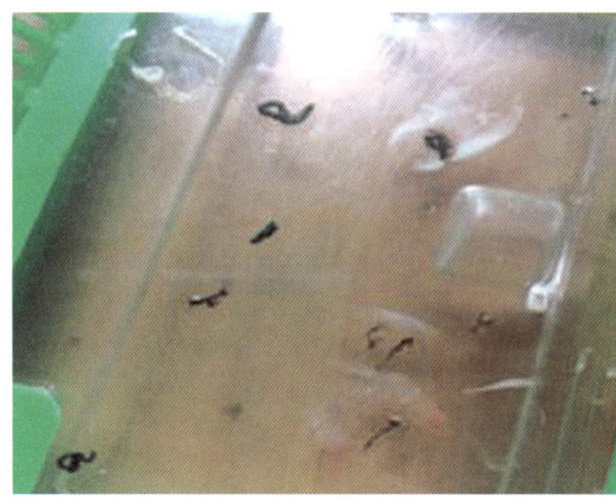
图 2-73　绿色的屁屁

【教师简析】

小蜗牛是日常生活中经常能看到的小生物，它的外形十分可爱，孩子们也经常会在绘本中看到它。

春夏交替之时，在户外的各个角落，特别是在潮湿、植物资源丰富的地方，经常能看到蜗牛的身影，孩子们便有了大量接触和观察它的机会。

孩子们在和小蜗牛“亲密”接触后，发现小蜗牛的眼睛是长在触角上的，通过看一看、摸一摸，知道了小蜗牛的外形特征。一次小蜗牛的突然“失踪”，引发了孩子们对它逃跑原因的猜想，跑到叶子上的小蜗牛是不是饿了？孩子们开始尝试给小蜗牛喂各种食物，并惊喜地发现，小蜗牛吃什么颜色的食物就会拉出什么颜色的屉屉。在和小蜗牛相处的三个月的时光里，小蜗牛的每一点变化都牵动着孩子们的心。我们看到孩子们在交谈、在观察、在发现、在探索，我们相信他们对小蜗牛的感情也会升华为对生命的怜惜和热爱。

（教师：吴婷　陈福芹）

【同类型活动参考】

活动一：我眼中的蚯蚓

建议年龄段：3~6 岁

意义与价值：通过自己的观察，了解蚯蚓，引发对它的探索欲望。

可以讨论的话题

——你见过蚯蚓吗？在哪里见过？

——蚯蚓的身体是什么样的？

——你还有什么有趣的发现？

——猜猜蚯蚓喜欢吃什么。

——蚯蚓的屉屉是什么样子的？是什么颜色的？

可以引发的活动

——蚯蚓在哪里。在不同的季节、不同的天气出去寻找蚯蚓，记录每次的发现。

——看！蚯蚓。观察蚯蚓爬行的动作、轨迹，用放大镜对蚯蚓的身体特征进行细致观察。

——蚯蚓的一天。饲养蚯蚓，了解蚯蚓的生活习性。

——贪吃的蚯蚓。提供多种食物，观察蚯蚓爱吃什么。

——蚯蚓食物的匹配卡。将各种颜色的食物卡与蚯蚓屉屉卡进行匹配。

活动二：百变蜗牛

建议年龄段：3~6 岁

意义与价值：利用多种材料来表现蜗牛的外形特征。

可以讨论的话题

——蜗牛是什么样的？它们的触角是什么样子的？它们的壳一样吗？

——你想怎么表现蜗牛的样子？你需要用到哪些材料？

可以引发的活动

——蜗牛肖像画。利用油画棒、水粉进行绘画，体现油水分离的效果。

——蜗牛模型。利用彩泥、树枝、树叶、毛根等，捏塑出蜗牛的样子，表现出蜗牛的动态。

活动三：小乌龟爬爬爬

建议年龄段：3~6 岁

意义与价值：模仿小乌龟爬行，体验游戏带来的乐趣。

可以讨论的话题

——小乌龟有几只脚？它是怎么移动的？

——学一学小乌龟是怎么爬行的。

可以引发的活动

——乌龟小剧场。利用道具进行扮演游戏，如小乌龟找妈妈、小小乌龟本领大等游戏。

——大大的乌龟壳。利用自然物或其他材料搭建小乌龟的“壳”。

第三篇

世界是生长的

活的？ 死的？

我与香樟树的故事

根系大发现

不一样的“双胞胎”

小麦种植记

活的？死的？

【分享时刻】5~6岁

大班孩子，最喜欢幼儿园的小树屋。

自主游戏时间，他们像往常一样带着户外探索工具来到树屋周围。刚过一会儿，就听到孙一涵大声喊："杨老师，快来，我发现树屋下面有个树洞！"我走过去一看，孙一涵、潘辰烨等几个小朋友正拿着枯树枝在这个洞里面捣来捣去。潘辰烨说："这个洞里有很多的烂泥，还有新叶子。"孙一涵叫着说："咦！有虫子！"她的叫声把旁边几个小朋友也吸引过来了。"这棵树有个这么大的洞，这棵树是不是死了？"大家开始讨论。潘辰烨说："嗯，可能是死了！"王潇锐在一旁说："好像没有死，它还在换皮！"（见图 3-1 至图 3-3）

图 3-1　在树下找生物

图 3-2　发现树下的秘密

图 3-3　在树根处发现一个洞

这棵树是活的还是死的？

晨间谈话，我请孩子们分享他们的发现，孩子们都兴奋地讨论起来。徐睿阳说：“这棵树是死的，都有小动物住在里面了。”孙一涵说：“这棵树肯定死了，因为树的上面是树屋。”张琰有不同看法：“我觉得这棵树是活的，因为它还在长绿叶子。”叶澄宇也表示赞同：“这棵树还活着，因为有根在土里。”

图 3-4　树叶嫩嫩的

户外的发现引发了孩子们的好奇，兴趣因此变浓，整个班级成员都沉浸在“活的还是死的”这一探究主题里。他们带着疑问继续去观察幼儿园里其他的树和树桩，把观察到的现象跟大家分享交流。通过观察比较、查阅资料，他们确认，树屋下有洞的树是活的（见图 3-4 至图 3-6）。

图 3-5　给树测量

图 3-6　摸一摸树叶

康乃馨死了

孩子们每天早晨都会照顾自然角的植物。有一天，他们发现班级自然角的康乃馨好像已经死了，于是我把吊兰和枯萎的康乃馨放在一起让孩子们自由地讨论（见图 3-7）。他们又看又摸，根据之前调查“树”的经验，判断康乃馨已经死了。我追问：“为什么它会死掉？”潘辰烨说：“它是干死的，因为它的土里一点水分都没有了。”王潇锐说：“它的泥土没有养料了，它吸收不到营养就会死掉。”蛋蛋说：“要不我们再给它浇点水，看看它还能不能长出新叶子。”于是，它的主人豪豪天天都给它浇水，大家一起观察它会不会有变化，都舍不得丢弃它（见图 3-8）。

图 3-7　区分植物

图 3-8　康乃馨的枯死之谜

生命体和非生命体

有个大洞却依然活着的树、自然角里因为没有得到好好照顾而死掉的康乃馨，都成了孩子们谈论的话题。张琰小朋友说到了“生命”，孩子们就“生命是什么”拉开了新的探索序幕。为了继续寻求自己的答案，孩子们依托经验在幼儿园寻找生命体和非生命体。他们的身影遍布操场的各个角落，时而弯腰观察，时而席地而坐认真做记录，时而趴在地上描绘眼睛里看到的事物。蜘蛛网、蟾蜍、蚯蚓、蚂蚱、螳螂、蝴蝶、蚂蚁、瓢虫等都成了孩子们记录的对象。孩子们还发现了平时从不注意的现象，如：天气特别热的时候，他们在树下发现了死掉的天牛，干死的蚯蚓、蚂蚁、青蛙等。一些胆大的孩子把一些昆虫放进瓶子里带到教室里来观察写生（见图 3-9）。

孩子们根据活动记录一起统计出生命体和非生命体的个数。王潇锐说：“我找来的蚯蚓还活着，因为我给了它们很多潮湿的泥土。”叶澄宇说：“我带来的蜗牛还活着，因为它有吃的，而且我的瓶子上面有洞，它不会闷死。”

图 3-9　昆虫写生

最后大家得出了一致的结论，植物和动物生存需要各种条件。

在对生命展开探究的过程中，孩子们延伸出了“量一量大树”“我长大了”等一系列探索活动，发现了树会生长，人也会生长这一现象（见图 3-10 至图 3-12）。卢梦泽小朋友说：“我的老太爷死掉了，奶奶说每个人都是会死掉的。”孩子们慢慢理解了生命既有生长的过程，也有死亡的过程。

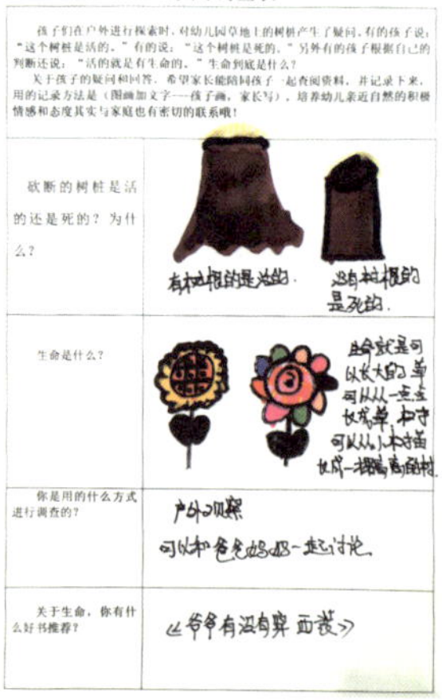
家园调查表

孩子们在户外进行探索时，对幼儿园草地上的树桩产生了疑问，有的孩子说："这个树桩是活的。"有的说："这个树桩是死的。"另外有的孩子根据自己的判断还说："活的就是有生命的。"生命到底是什么？

关于孩子的疑问和回答，希望家长能陪同孩子一起查阅资料，并记录下来，用的记录方法是（图画加文字——孩子画，家长写），培养幼儿亲近自然的积极情感和态度其实与家庭也有密切的联系哦！

砍断的树桩是活的还是死的？为什么？	有树根的是活的。没有树根的是死的。
生命是什么？	
你是用的什么方式进行调查的？	户外观察　可以和爸爸妈妈一起讨论。
关于生命，你有什么好书推荐？	《爷爷有没有穿西装》

图 3-10　家园调查表示范图

图 3-11　寻找生命体记录表示范图

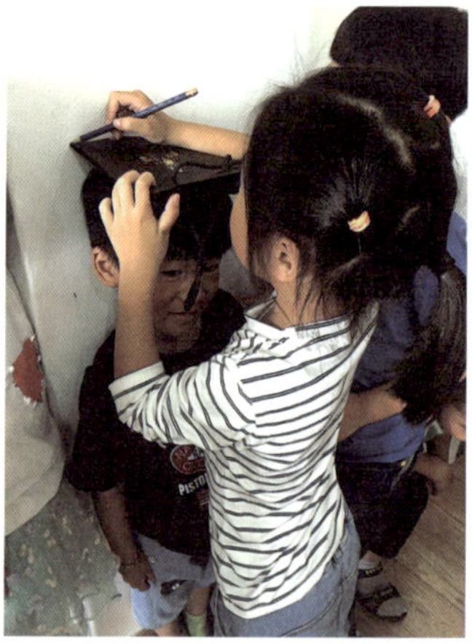

图 3-12　量一量身高

【教师简析】

每一个孩子，对生命都有着天然的敏感与好奇，在他们心中，世间万物皆可对话，皆有生命。对于孩子来说，认识生命，就是建立自我认知的过程，从了解什么是生命开始，让孩子一步一步接近生命的真谛，感受生命的奇妙和奥秘。

当他们关注一棵树、一朵花是活的还是死的时，他们就和生命产生了关联。

他们带着疑问继续去观察其他的树和树桩，把观察到的现象与大家分享交流。在大家探究树屋下有洞的树是死还是活的过程中，可以发现，他们喜欢提问、善于观察，也能通过自己的努力寻找问题的答案。

在寻找生命体和非生命体的过程中，他们主动探索，将发现的秘密都记录下来，他们的绘画及分析、验证的能力也得到了发展。

哪些有生命，哪些没有生命？这个问题也许并没有那么复杂。孩子们在翻开一块石头、一块木头或一片树叶时，就能了解。

（教师：杨娟　张子系）

【同类型活动参考】

活动一：一棵树的四季

建议年龄段：3~6 岁

意义与价值：选择一棵树，了解树木四季的变化，发现不同的生命会有不同的展现方式。

可以讨论的话题

——在这棵树下你看到了什么？你所见之处有什么特别的地方？

——可以给这棵树起什么名字？

——它和我们有什么相似的地方？它是不是一开始就这么大？

——这棵树是从哪里来的？关于这棵树你还想知道什么？

——哪些动物喜欢在树上安家？大树给它们提供了什么（食物、住所、阴凉）？

——你坐在树下有什么感受？

可以引发的活动

——四季的树。用绘画、拍摄等记录方式持续观察一棵树的四季变化，发现不同，尝试寻找原因。

——树上和树周围的生物。观察任何可能把大树当作家的生物，注意倾听它们的声音。提供放大镜、望远镜和挖掘工具，提供夹板、笔等进行记录。

——测量。鼓励幼儿利用各种工具对大树进行测量，如绳子、卷尺，或者双臂。

——大树的秘密。幼儿根据自己提出的关于大树的问题开展调查研究。

——寻找冬芽。收集一段带有冬芽的树枝，放在白纸或白布上固定，用放大镜仔细观察。

活动二：生命的痕迹

建议年龄段：3~6 岁

意义与价值：通过不同的艺术形式表现植物生命的不同阶段，感受它们的独特之美。

可以讨论的话题

——这个植物现在是什么样子的？（颜色、形状、纹理、姿态等）

——看到它你有什么感受？可以怎么表现它的美？

可以引发的活动

——树叶相框。把收集的树叶和幼儿的绘画一起放进原木相框，写上一句喜欢的诗句或歌词，制作树叶相框。可以和老师、同伴分享与树叶相框相关的故事。

——花开花谢。用写生、拓印、制作标本等多种创作方式去表现各种植物花的生命过程。

——生命之美。观察发现并以绘画形式表现枯萎或凋亡的植物的生命之美。

活动三：像大树一样成长

建议年龄段：3~6 岁

意义与价值：幼儿通过游戏，想象和表现有关大树的生活。

可以讨论的话题

——大树是怎么生长的？

——你能学一学它的样子吗？

——找一棵树作为你的朋友，可以怎么和它玩呢？

——可以和它说些什么呢？

可以引发的活动

——传树叶。把一片叶子或一根树杈作为“接力棒”，一个接一个地讲和大树有关的话。

——许愿树。幼儿用自己制作的许愿彩带或者纸条细心装饰一棵树。

——变成大树。幼儿模仿一株幼苗慢慢长成大树的过程，表现树的不同生长状态，比如风吹过大树，枝叶晃动，或者大树向着太阳舒展枝干。选择一本与大树相关的绘本，幼儿根据自己的想法选择角色进行表演。

——树洞。依托大树树干，幼儿在户外收集自然物，搭建一个树洞进行游戏。

我与香樟树的故事

【分享时刻】 4~5岁

户外游戏时间，孩子们惊喜地发现地上有好多黑色的果子。

马若菲："刘昕，你看！这里有好多黑色小果子。"（见图 3-13）刘昕大声地喊了起来："好多黑果子啊，我们带回去吧！"喊声引起旁边小朋友的注意，周围的几个小朋友也都走过来捡果子（见图 3-14）。胡依晨说："我捡到一颗大的和一颗小的。"赵梓瑞说："这些果子都老了。"

图 3-13　发现黑果子

图 3-14　更多幼儿寻找黑果子

回到教室，孩子们使用放大镜和显微镜观察果子（见图 3-15）。

马若菲："我感觉它闻起来有一股葡萄味。"（见图 3-16）

朱苒溪："有的果子捏起来硬，有的是软的，一捏就碎了，紫色的汁还弄到我手指上了。"（见图 3-17）

陈禹鸣："这果子可以吃吧？"（见图 3-18）

戎谦平：“不可以直接吃，要大人弄过才能吃，还能当药呢，我听我姐姐说的，这是香樟树上掉下来的果子，我们小区里就有很多。”

自从发现了香樟树果子，孩子们在散步时经常会在那里停留，也逐步将视线转移到了香樟树上。

图 3-15　用显微镜观察黑果子

图 3-16　闻黑果子

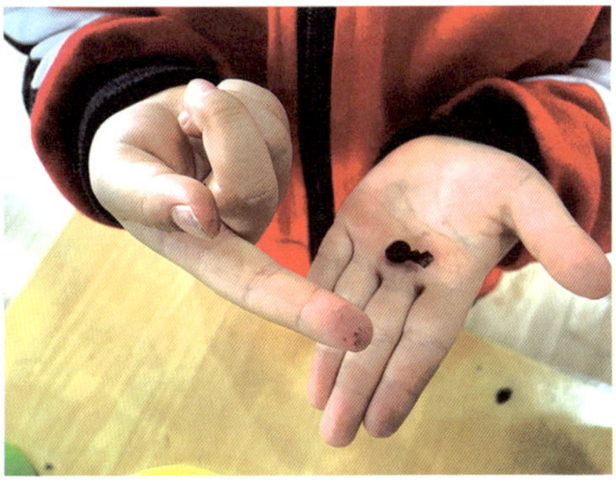

图 3-17　手指上的颜色

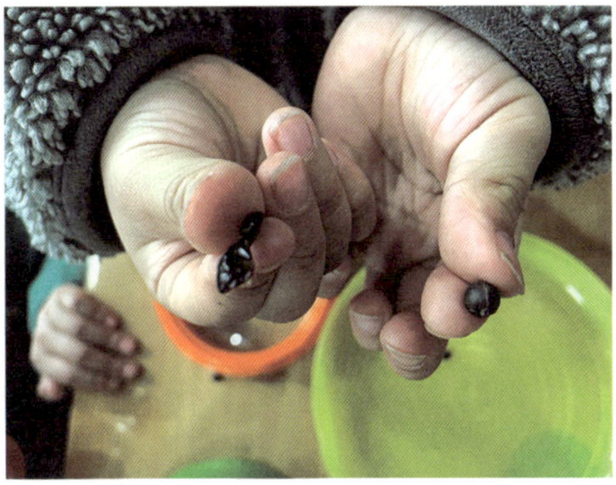

图 3-18　扒开黑果子

幼儿园里的香樟树

孩子们来到香樟树前向上看：“哇，好高的树啊！”刘昕说：“我闻到了香味，我要抱抱它，也让我身上香香的。”梁周说：“我想亲一亲它，我不嫌它脏。”回到教室后，孩子们将自己的发现用绘画的方式记录下来（见图 3-19 至图 3-24）。

戎谦平：“树上的痕迹是从哪里来的？我感觉痕迹里面有羽毛。”

胡依晨：“香樟树下面有很多树叶呢，上面有很多点点和洞。”
梁　周：“树上有好大的洞洞，我想知道里面有什么。”
张又文：“走到那里的时候我闻到了很喜欢的味道。”
叶梓涵：“我在小区里捡过香樟树果子，但不是黑黑的，是绿色的。”

图 3-19　闻香樟树

图 3-20　发现树洞

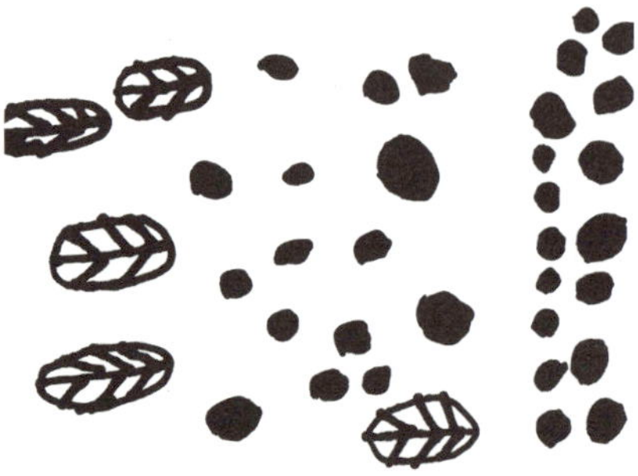
图 3-21　《树下的黑果子》

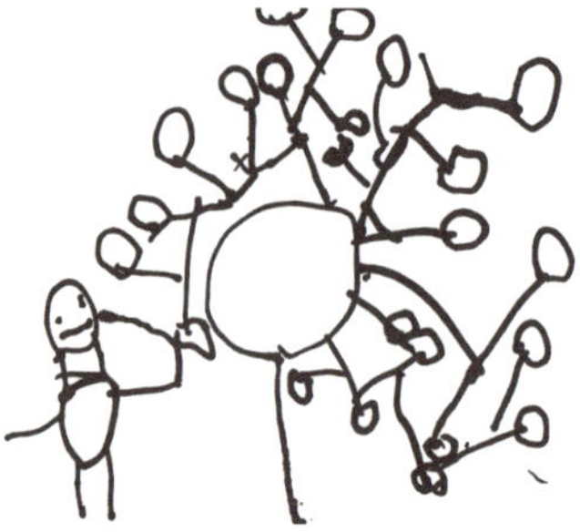
图 3-22　《香樟树的味道》

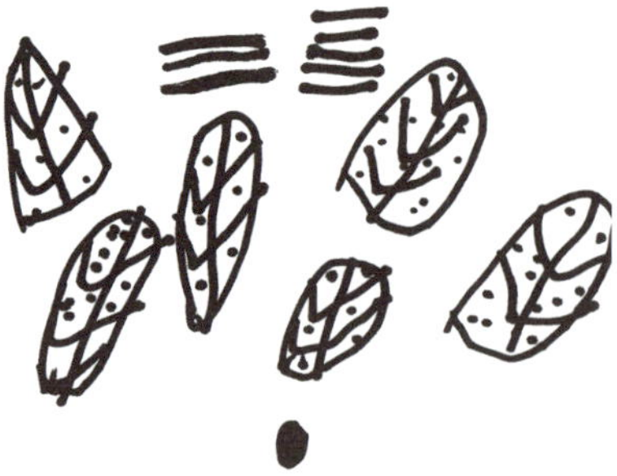
图 3-23　《树叶上的点点和洞》

图 3-24　《树上的果子为什么掉下来》

发现园外香樟树

早晨，胡依晨和大家说："我今天在上学路上看到地上有好多香樟树的果子，我确定，就在后花园的旁边。"戎谦平说："我怎么没看到?"于是我们一起去验证，真的发现了香樟树的果子！果子旁边的沟壑里居然有很多修剪下来的香樟树的树枝。孩子们跃跃欲试，想走近看一看。朱苒溪问："我可以捡一些小树枝带到教室里去吗?"我提议可以搬一根大的树枝到幼儿园里做探究，他们兴奋极了，争先恐后地去搬。在搬的过程中，孩子们因为搬运的速度发生争执，尤玺婷说："后面的人走慢一点，前面的人走快一点。"最后孩子们的搬运速度得到了统一（见图 3-25、图 3-26）

这么大的树枝放在哪里呢？刘昕说："带到教室里去。"张又文说："太大了，教室里肯定放不下呀。"王皓轩说："我们放在门厅那边的香樟树下面吧，小树回到大树妈妈那里。"其他人都同意了王皓轩的想法，随后他们一起取了小树枝的一小部分，带回教室。

图 3-25 发现园外香樟树枝

图 3-26 将香樟树树枝搬回幼儿园

探秘香樟树

我和孩子们一起回顾关于香樟树的发现：树洞里到底有什么？树上的痕迹是从哪来的？夹在树痕里面白色的、毛绒绒的东西是羽毛吗？香樟树的果子有绿色的吗？带着这些问题，我们的调查小分队再次出发，准备探索香樟

图 3-27 “探秘香樟”网络图

树身上的神奇事件（“探秘香樟”网络图见图 3-27）。

出发前的准备：

刘 昕：“要带放大镜和手电筒，我这次要好好看看香樟树的洞里有什么。”

胡依晨：“肯定需要纸、笔和记录板，要做记录，这样就不会忘记了。”

张书豪：“我要带一些小瓶子搜集东西带回来。”

梁 周：“我要带无人机，我想看看香樟树上面有什么。”

孩子们的发现：

（1）树叶。胡依晨大喊：“你们快看，我在香樟树下发现了好漂亮的叶子，我姐姐说这样的颜色就是渐变色，有橘色、绿色、棕红色，还有一点点黄色，旁边还有一些枯萎的叶子是灰棕色。”（见图 3-28）

（2）树洞。孩子们来到上次发现的树洞前，梁周见树皮翘在那里，他捡起树枝伸了进去，他说：“这个洞好深啊，这下面肯定是通的吧。”然后他开始用手去扒，扒开来后，梁周激动地喊道：“快看，里面有虫子，而且死掉了！”（见图 3-29）

（3）树果。叶梓涵执着地寻找她所说的“绿色的果子”，想向同学们证明她真的见过那样的果子。在仔细搜索后，她激动地大喊：“老师，我找到了！”（见图 3-30）一旁的张又文说：“这是香樟树的果子吗？”叶梓涵说：“是的，这是我妈妈告诉我的。我在小区里捡到的就是这样的果子，是香樟树的。”张又文捏了捏果子说：“这个好硬啊，黑色的果子是软软的，一踩就碎了。”（见图3-31）陈禹鸣说：“黑色的果子是老的，熟了，绿色的果子是刚长出来的吧。”

图 3-28 发现渐变色树叶

图 3-29 树洞里的虫子

图 3-30 绿色的果子

图 3-31 踩了一下果子

（4）树痕。野趣园的树上有痕迹，痕迹里面还有“羽毛”，它是从哪里来的呢？（见图 3-32、图 3-33）由于高度问题，没办法近距离观察，之前梁周提到用无人机可以看到大树的高处，但是他们现在没有无人机。戎谦平说：

“要是我能爬到树上看就好了。”张书豪说：“你会爬树吗？我爸爸会。”戎谦平回道：“我看过别人爬树的，我可以试一下。”他尝试着自己往上爬，我在旁边保护，但是连第一个树杈口都没上去。然后小朋友们都跑来围观，一起想办法。张书豪说：“把这里的轮胎堆起来，踩着上去。”大家都同意这个办法，一起帮忙，戎谦平很轻松地踩着轮胎上了树，上树后他朝大树那有疤痕的地方仔细看，说道：“我看清了，痕迹里面不是羽毛，好像是绳子。”（见图 3-34 至图 3-36）树上怎么会有绳子呢？

图 3-32　从高处看树痕

图 3-33　树上的羽毛

图 3-34　利用轮胎上树

图 3-35　爬上树看树痕

叶梓涵：“树小的时候是用绳子绑着的，不然树会倒下来。”

胡依晨："这个绳子是放在上面做装饰的吧。"

戎谦平看到地上的一个轮胎上也绑了绳子，蹲下来仔细观察并说："难道是香樟树之前绑过绳子？"（见图 3-37）

图 3-36　在高处继续观察

图 3-37　发现地上的绳子

我们一起找到以前的照片，原来，之前这里的树与树之间绑过绳子，是给小朋友们做运动用的（见图 3-38、图 3-39）。后来因为这里的阳光很好，小香樟树长大了，怕绳子对香樟树造成伤害，所以拆掉了绳子。

图 3-38　询问园长妈妈

图 3-39　曾经这里是这样的

我和香樟树的故事

在探秘香樟树的过程中，孩子们也将自己的经历画了出来，制作成故事书，分享自己与香樟树的故事。

胡依晨：《渐变色树叶》

我找呀找，先找到了一片橘色的叶子。然后又找呀找，找到了一片渐变色的叶子，它很漂亮，是由橘色、绿色、棕红色和灰棕色构成的（见图 3-40、图 3-41）。

图 3-40　胡依晨讲述故事

图 3-41　《渐变色树叶》

叶梓涵：《香樟树的绿色果子》

我见过绿色的果子，但是小朋友看到树上的果子是黑色的，就不相信我，我很不开心。我就找啊找，在大管道旁边的地上找到了绿色果子，它很硬，黑的果子很软。陈禹鸣说黑果子熟了，绿果子没熟（见图 3-42、图 3-43）。

图 3-42　叶梓涵讲述故事

图 3-43　《香樟树的绿色果子》

张书豪：《戎谦平在爬树》

戎谦平想看树上的痕迹，他爬不上去，我们一起帮他。我们把轮胎堆起来，然后戎谦平爬上去了。我跟他说好了，下一次他弄轮胎，我爬树（见图

3-44、图 3-45）。

图 3-44　张书豪讲述故事

图 3-45　《戎谦平在爬树》

戎谦平：《不是羽毛，是绳子!》

我上次看到树上有痕迹，我觉得那是羽毛，但是我看不清楚，所以我想爬上去看看。我和小朋友们想了一个办法，把轮胎叠高，然后我一蹬就上去了。我爬到树上感觉很开心，这是我第一次爬树，我这次看得很清楚，痕迹里不是羽毛，是绳子。原来这里以前真的绑过绳子，是给小朋友们做运动用的。这里阳光很好，小香樟树慢慢长大了，绳子老绑着会对它造成伤害，所以拆掉了（见图 3-46、图 3-47）。

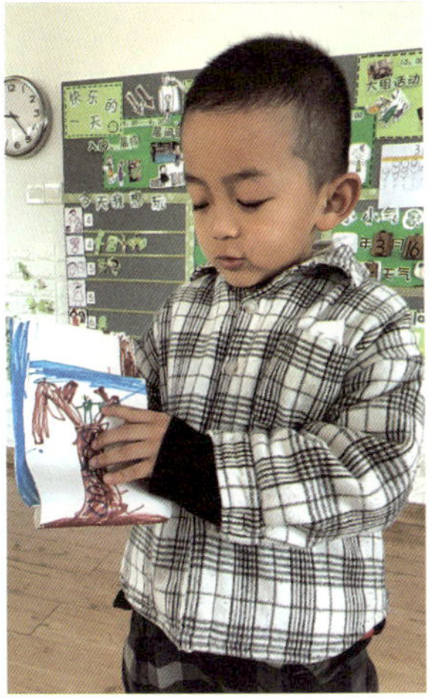

图 3-46　戎谦平讲述故事

图 3-47　《不是羽毛，是绳子!》

【教师简析】

从一地的黑果果，到一棵棵香樟树，孩子们始终有着强烈的好奇心和探究的积极性，主动发起探究活动。他们敢于提出问题，能围绕探究的任务，运用自己的经验进行猜想和假设；尝试运用简单的观察方法、使用观察工具进行记录，得出结论后乐于与同伴分享自己的发现。发现树上的痕迹上有“羽毛”后，自己想办法爬上树一探究竟；在大家都不相信的时候，为了验证“绿色”的香樟树果子真的存在，敢于坚持和表达自己的想法，用自己收集到的事实和证据去验证自己的结论；通过语言、绘画和自己制作的故事书，和同伴分享、讨论自己与香樟树之间的故事；在搬运香樟树、爬香樟树的过程中，能够想办法协商解决、互相帮助、合作完成。

孩子们看似简单的行为背后，蕴含着自己的智慧。要发现孩子们的智慧，有时候，只需要和他们一起，去发现或认识一棵树。

（教师：孙蓓　杨俊杰）

【同类型活动参考】

活动一：最特别的树

建议年龄段：3~6 岁

意义与价值：用自己的方式发现或认识特别的树，了解大自然里的每一棵树木都是独特的。

可以讨论的话题

——你发现了哪一棵特别的树？

——你是在哪里发现它的？你认识它是什么树吗？

——它为什么是最特别的？它和别的树有什么不一样？

可以引发的活动

——我喜欢的树。寻找自己喜欢的树，并记录它的位置和特征。

——我的树朋友。向同伴介绍自己的树朋友，说一说它特别的地方。

——大树的标签。收集大树独特的叶、皮、果实，或者以绘画的形式表现大树的特征，制作大树标签。

活动二：会结果的树

建议年龄段：5~6 岁

意义与价值：通过观察发现果子的特征，能够区分哪些树会结果子，哪些树不结果子。

可以讨论的话题

——你看到哪些树会结果子？它们的果子长在什么地方？

——果子有味道吗？是什么味道的？它们都可以吃吗？

——果子在这棵树上有什么变化？

可以引发的活动

——会结果的树。找一找身边哪些树会结果子，观察它们是什么时候结果子的，它们的果子是什么样子的，记录在调查表上。

——果子的秘密。通过看一看、闻一闻、捏一捏等方式探索果子的特性。

——果子游戏。收集各种树的果子，进行游戏。

活动三：树皮的探索

建议年龄段：4~6 岁

意义与价值：直观了解树皮的外形特征。

可以讨论的话题

——你见过所有的树皮都是一样的吗？哪里不一样？

——摸一摸树皮，是什么感觉？

——闻一闻树皮，有味道吗？

——你知道树皮的作用吗？

可以引发的活动

——不一样的树皮。通过看一看、摸一摸、闻一闻等方式感知树皮的不同特性。

——树皮拓印。探索利用身边的材料拓印树皮，保存它的纹理。

根系大发现

【分享时刻】4~5 岁

幼儿园对花草园进行环境改造，工人爷爷正在移植大树。他们用铁锹挖出来了一个较大的树根，树根上连着很多须须和泥土，孩子们十分好奇，围着树根一边观察一边讨论（见图 3-48、图 3-49）。

柯佳琪说："大树下面有好多长长的东西。"顾涵之说："我知道，那是大树的根。"郭奕辰说："大树的根上有好多胡须呀！"这些胡须到底是什么呢？我们开始和孩子们一起探索。

图 3-48　发现挖出的树根

图 3-49　树根上的须须

超长的根

幼儿园新开辟出一块小花田，我们请了家长义工和孩子们一起给花田翻土。翻着翻着，孩子们发现了很多“宝藏”，有石头、贝壳、蚯蚓、地蚕，还发现了一根超长树根（见图 3-50）。这一发现激发了孩子挖掘的动力，他们不断地挖土，但总是看不到树根的尽头，几个孩子干脆用手去拉，家长也参与进来，终于挖出了超长树根（见图 3-51）。孩子们很想知道它到底有多长。回到教室后，对它进行了测量，居然有 2 米。孩子们商量后，决定把这个宝物收藏在植物角里。

图 3-50 挖出“宝藏”

图 3-51 挖出超长树根

茎上的根

一天，李睿祺在记录植物观察表时，发现有两种多肉植物的茎上长了很多的“须须”。他说：“老师，那些须须是什么呀？”没等我回答，李孜姮小朋友凑了过来说：“会不会是它的根？”张歆蒙说：“这应该是叶子小的时候吧？”我对孩子们说：“老师也不确定，要不我们等等看，看它会不会长成大叶子。”后面的时间里，孩子们经常会到自然角观察“叶子”有没有长大。一天，李孜姮说：“我妈妈会种多肉，她说那些须须是多肉的根，不是叶子。”（见图 3-52、图 3-53）

图 3-52　孩子们发现多肉上的须须

图 3-53　多肉上的须须

长出地面的根

三宝在国旗旁又有了新发现，他大声喊道：“这是大树的根吧！”我们走近一看，这棵大树的根系露在了地面上（见图 3-54）。我问孩子们：“你们还在别的地方看到树根露出来吗？”孩子们开始在幼儿园里到处寻找，找了一大圈，发现树根都深深地扎在土里。三宝问：“为什么这棵大树的根会露出来呢？”顾涵之说：“这不是根吧？”由于对这一个问题存在疑惑，因此，我们发放了调查表，让孩子们和家长一起去收集资料，寻找答案。通过分享，大家终于知道了原因，如果种树的时候土比较松，浇水后泥土就会变少，大树的根就会露出来了。

图 3-54　长出地面的根

可以吃的菠菜根

吃午饭时，刘雨萌突然大喊道："你们快看，我吃到的这个东西是根吗？"丁祺钏说："我也吃到了这个东西，应该是菠菜的根吧！"孩子们有了先前的经验后，发现了菠菜中这个长得像根的东西。

第二天，刘雨萌跑来对我说："我昨天回去问过奶奶了，她说那个就是根。"

根是怎么长出来的

最近一段时间，关于根的话题是孩子们的热门话题。

赵智勇："是不是所有的根都长得一样？"

林瀚惠："为什么杂草拔了，过几天，它又长出来了？"

顾涵之："新栽的树为什么要用铁丝和木棍撑住？"

钱禹同："根须是怎么长出来的？"

林瀚惠："我们可以做一个养植物的实验来观察它的根，但不能破坏植物。"

顾涵之："用医院的X光机来照植物的根，这样不会破坏植物。"

周辰骐："把植物放在玻璃瓶里，放上水然后等待，就能看到植物根的生长。"

钱禹同："不是所有植物都适合在水里生长。"

许彦泽："在土里安个摄像头。"

严雨晴："在土里安装摄像头需要电线。"

顾涵之："可以用管子把电线装进去，传到电脑或者电视里，用显示屏来看。"

实验一：孩子们决定首先采用周辰骐小朋友的方法，通过实验来观察根的生长。我们准备了七个玻璃瓶和七种不同品种的植物，放入水中培植并静静观察。

孩子们开始对植物的根的生长情况进行记录，他们发现翡翠珠、薄荷、芦荟的根在慢慢生长，山芋的根有细微生长的现象。于是，他们对翡翠珠、薄荷和芦荟的根进行了测量。

实验二：关于孩子们提出的在土里安装摄像头来观察根的方法，我们遇到了技术难题。于是我在家长群里求援，严雨晴爸爸带着设备来到了我们班。孩子们对眼前这个设备感到十分好奇，它是如何使用的？怎么样才能看到地里的根呢？严雨晴爸爸和孩子们一起来到小花田里调试设备，通过一番调试，孩子们真的通过屏幕看到了泥土里的根。许彦泽说：“哇，真的能看到泥土里的根，这个机器太神奇了！”钱禹同说：“我看到根上有很多须，须上还连着好多泥土呢！”（见图 3-55、图 3-56）

图 3-55　用仪器观察植物的根

图 3-56　树须生长记录表示范图

【教师简析】

根，是大多数植物隐藏在土里的部分，也是植物极为重要的组成部分。当孩子们看到一株植物时，很容易对一眼就能看到的叶、花、果产生好奇，而很少关注到不容易被发现的根。施工过程中工人师傅挖出来的超大树根，以及孩子们种花时挖出的超长树根，都是难得的契机，让孩子们一下子对“根”产生了兴趣。当他们沉浸在对根的探究中时，关于根的好奇和疑问就自然出现了，“是不是所有的根都长得一样？”“根须是怎么长出来的？”“根在土里到底有多长？”对于自己感兴趣的问题，孩子们大胆猜想、讨论，学习运用工具观察、验证自己的猜想，用自己的方法寻找答案。在整个探索过程中，孩子们不但对根有了更加深入的了解，而且开始更加全面地认识一株植物。

（教师：孙蓓　杨俊杰）

【同类型活动参考】

活动一：树根的艺术

建议年龄段：4~6 岁

意义与价值：尝试通过泥塑、线描、水粉等方式表现树根，在创作的过程中大胆地表达自己的设想，使作品富有个性（参考图 3-57、图 3-58）。

可以讨论的话题

——你在什么地方观察过树根，它是什么样子的？

——关于树根，你有什么好的创意？

——你需要用到哪些材料和工具？

图 3-57　树根写生

图 3-58　树根创意

可以引发的活动

——树根艺术欣赏。展示大师作品，在欣赏的过程中感受不同树根的美。

——泥塑树根。尝试利用不同工具，对自己观察到的树根进行塑形。

——树根创意画。用不同形式的材料（如马克笔、水粉、勾线笔等）作创意树根画。

——制作树根。用收集的树枝进行树根制作，并进行展示和分享。

活动二：根须生长变化

建议年龄段：5~6 岁

意义与价值：观察根须的生长过程，了解根须生长所需要的条件和环境。

可以讨论的话题

——你看过根吗？是在哪里看见的？

——你知道根须在什么环境中生长吗？

——实验过程中我们需要注意什么？

——我们该怎样进行记录呢？

可以引发的活动

——各种各样的根。通过收集、调查，共同分享、了解不同植物根须的区别。

——根的观察。通过实验活动，定时观察在不同环境（如水、土等）中根须的生长情况，并进行记录（参考图 3-59 至图 3-62，表 3-1）。

图 3-59　观察记录植物根系

图 3-60　测量根须长度（一）

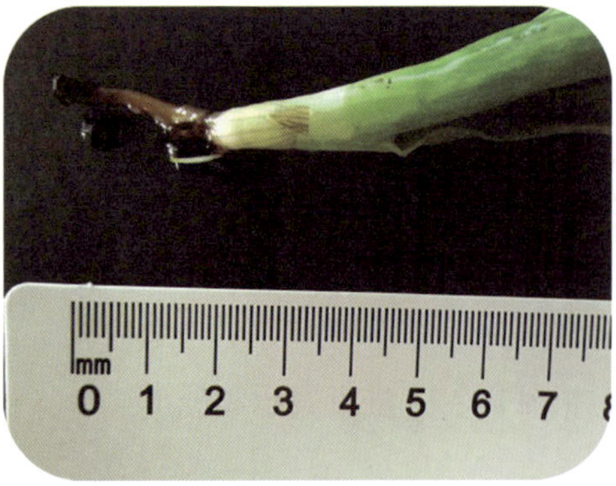

图 3-61　测量根须长度（二）

图 3-62　测量根须长度（三）

表 3-1　根须生长记录

记录人__________

观察日期	植物

使用小贴士：购买“种子观察窗”种植几种植物，或者准备透明的器皿水培几种植物，每天观察它们根系的变化。

不一样的“双胞胎”

【分享时刻】 4~5岁

冬去春来，天气渐渐转暖，孩子们迫不及待地想去小菜园，看望他们的蔬菜朋友（见图3-63），来到菜园后，他们议论纷纷。

欣妍：“我们的莴苣怎么还是这么小？”

小王：“我们的莴苣肯定是冻死了。”

欧元：“冬天太冷了，它长得慢，但它没有死。”

惟杰：“快来看还有黄色的油菜花呢！”

欧元：“我们种的青菜怎么会有油菜花？”

图3-63 闻、看、摸“青菜花”

芊语：“青菜变呀变呀就变成了油菜花！”

教师：“为什么青菜长出了油菜花呢？”

惟杰：“是油菜花，我上学时看到幼儿园边上开的都是这个花，爸爸告诉我就是油菜花。”

梓初：“我们菜地里到底是什么花呢？”

针对孩子们的议论，我提议让孩子们，一起去幼儿园外面的菜地，看看幼儿园里的“油菜花”和幼儿园外的“油菜花”是不是一样的。

青菜？ 油菜？

走出幼儿园，孩子们就被迎面的大片油菜花给震住了，他们七嘴八舌地讨论起来。

小王：“前面的油菜花比我们人还要高。”

芊语：“它比我爸爸还高。”

牧笛：“我用手指比一比看，这里的长，那里的短。”

惟杰：“这个叶子很大，看看谁能找到大叶子。”

欧元指着茎说：“这个粗，比幼儿园的粗。”

惟杰拿着一簇油菜花快速跑回幼儿园的菜地，把两种花放在一起，指着油菜花说：“外面菜地里的叶子大，比幼儿园里的叶子大。”王芊语和欧元拿着叶子对比：“幼儿园里的叶子摸着滑滑的，外面菜地里的叶子摸着有点毛毛的。”

发现不一样

它们还有哪里不一样呢？孩子们再次商议，决定用测量的方式进行比较。于是他们带着测量工具和记录表分别对两种“油菜花”进行了观察、测量和记录（见图 3-64 至图 3-69）。在对测量记录表和测量过程中拍摄的照片进行整理的时候，孩子们热烈讨论自己的发现：青菜的叶子是圆圆的，油菜的叶子像花边、像波浪、像锯齿，油菜的叶子是尖尖的……孩子们总结：“双胞胎”的区别主要在茎和叶。

图 3-64　油菜的叶子

图 3-65　油菜的茎

图 3-66　关于油菜的记录示范图

图 3-67　青菜的茎叶

图 3-68　关于青菜的记录示范图

图 3-69　测量油菜的高度

榨油

5 月底，成熟的油菜都被收割下来了，孩子都很好奇，油菜真的能出油吗？为了满足他们的好奇心，我们邀请了班里对榨油比较有经验的家长和孩子们分享油菜籽炸油的过程，在分享过后孩子们还了解了花生、芝麻、向日葵籽等种子也是可以用来榨油的。

在分享过程中孩子们问霏霏妈妈：“我们种的青菜，它的种子可以榨油吗？”

霏霏妈妈告诉大家，青菜籽也是可以用来榨油的，但是因为产量很少，一般很少会去收集青菜籽来榨油，而是等到来年再去播种。

孩子们记住了霏霏妈妈的话，期待着青菜籽成熟后拿去播种（见图 3-70）。

图 3-70　收获青菜籽

垚垚：“这个青菜籽真多，黑黑的，像芝麻。”

妍妍：“我们把种子再撒到菜地，就可以有更多好吃的青菜了。”

【教师简析】

大自然中的植物虽然形形色色，但相似的植物也有很多。偶然发现的青菜花和寻找到的油菜花，成了孩子们眼中有趣的“双胞胎”。一开始，孩子们觉得它们一样，后来通过实物对比发现它们有点儿不一样，接着，他们用绘画、测量等形式去观察和记录，不仅确认它们不一样，还找到了它们的不同之处。在这个过程中，孩子们从关注一株植物，到关注植物的花、叶、茎的细节，不断积累经验，也学到了观察一株植物的方法。

在陪伴孩子探究的过程中，我们感动于他们对一朵青菜花的疑问与好奇，始终支持他们用自己的方式去观察与思考，我们想，我们班的孩子们一定还会和其他有趣的植物在大自然中相遇。

（教师：杨娟　戚晓倩）

【同类型活动参考】

活动一：植物大不同

建议年龄段： 5~6 岁

意义与价值：通过观察、比较两种或更多种植物的相似性与不同点，发现植物和它们的亲代的相似之处。

可以讨论的话题

——你想观察哪些植物？它们是什么样子的？

——它们在生长过程中会发生什么样的变化呢？

——这些植物之间有什么不同呢？

可以引发的活动

——植物鉴别大行动。用看、摸、闻、测量等不同方法对植物进行对比观察，发现长得相似的植物的不同之处。

——植物日记。对相似的植物进行持续观察，记录植物的生长变化。

活动二：植物寻亲

建议年龄段： 3~6 岁

意义与价值： 在游戏中发现植物的各组成部分与植物本体之间的关联。

可以讨论的话题

——这是什么植物的叶（花、果……）？你是怎么发现的？

——它还和什么长得很像呢？你是怎么分辨的？

可以引发的活动

——树叶宝宝找爸爸。收集不同的树叶宝宝，根据树叶找到相匹配的大树爸爸。

——花朵对对碰。成人将开放的花朵拍摄成照片（可以多拍一些相似的），孩子寻找照片上的花朵。

——收集种子。收集不同的种子，了解它是什么植物的种子并尝试种植。

活动三：测量

建议年龄段：5~6 岁

意义与价值：了解不同的测量工具和使用方法，以首尾相接的摆放方式进行长度的测量。

可以讨论的话题

——你知道什么是测量吗？有哪些测量的工具？

——你想用什么样的工具进行测量？

——测量时有哪些注意事项呢？

可以引发的活动

——有趣的测量工具。收集不同的测量工具，了解这些工具的使用方法并用其尝试测量不同的植物。

——植物数据库。用自己选择的测量工具，对发现或找到的植物进行测量，记录数据信息。

小提示：活动中可参考并使用表 3-2。

表 3-2　不一样的“双胞胎”

记录人________

	我的发现	
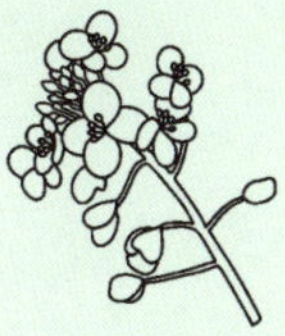 花		
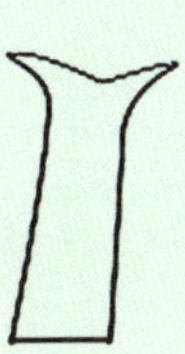 茎		
 叶		
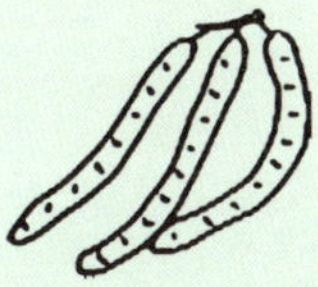 果		
其他		

使用小贴士：大自然中有很多长得相似的植物，你能通过观察比较两种或更多种植物的相似处与不同处吗？把它们记录下来吧！

小麦种植记

【分享时刻】5～6岁

孩子们在生活馆里等待小蛋糕烤熟时（见图3-71），王子萱小朋友打开了话匣子。

图3-71　好香的蛋糕呀

王子萱："哇！这个蛋糕实在是太香了，我回家也要叫我妈妈做！"

徐菁菁："老师，是这种面粉香吗？我回家让妈妈也买这种面粉！"

裴思栎："面粉不香，面粉就是这个白白的粉。"

徐菁菁："面粉是米做的粉，米是香的，面粉也是香的。"

王子萱："不是！面粉不是米做的，面粉是小麦做的粉。"

老　师："那小麦是哪里来的呢？"

裴思栎抢着说："是农民伯伯种的。"

老　师："小麦长什么样你们知道吗？"

吴思远略有所思地说："嗯……我觉得是'米'的样子。"

五谷杂粮辨得清

"米"的样子引发了我的思考。第二天，我就在自然角悄悄地放上了一瓶瓶不同颜色和形状的"米"（五谷）。

郭亦好："咦，这是什么呀？怎么是黑漆漆的呀？"（见图 3-72）

韩宇承："这个颜色黑黑的肯定就是黑米呀！"

朱易辰："那这是什么呢？"

韩宇承："这是小米，我妈妈在家煮小米粥给我吃的时候，我就看到是这个黄黄的样子。"

郭亦好："老师，这是什么呀？它好像长得有点胖。"（见图 3-73）

老　师："这是麦仁呀！就是小麦的种子。"

徐菁菁一听连忙转过头来："就是做面粉的小麦吗？用它可以种出小麦吗？"

图 3-72　发现五谷

图 3-73　辨别五谷

种下收获的希望

班上王昱辰小朋友的奶奶是一位农活好手。既然孩子们对面粉那么地期待，我们便请她帮我们找来了一些可以种植的小麦种子。在一个阳光明媚的上午，我们带着孩子们分别在班级走廊的种植箱和楼顶的种植园内，撒下了一些胖乎乎的金色麦粒（见图 3-74、图 3-75）。

从此以后，孩子们每天轮流值日给小麦浇水、除草、观察、记录与测量（见图 3-76 至图 3-79），郁郁葱葱的小麦总能一次次地带给他们惊喜和激动。孩子们盼望着收获的日子。

图 3-74　屋顶播种

图 3-75　自然角播种

图 3-76　观察

图 3-77　测量

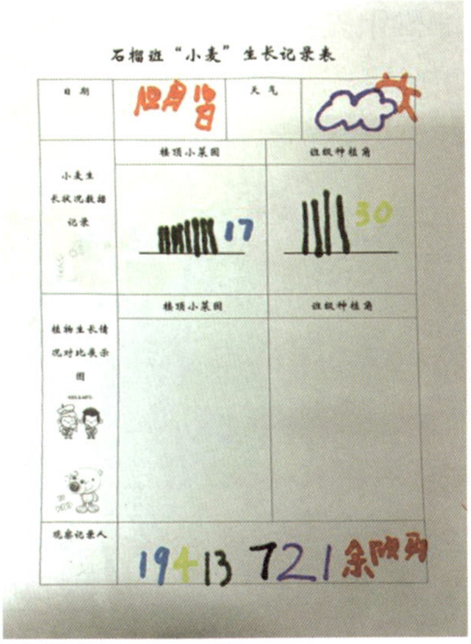

图 3-78　记录

图 3-79　幼儿画作

突如其来的疫情

2020年年初，寒假前，孩子们很担心他们一直关心和照顾的小麦会因为没有人照料而枯萎。于是，经班级讨论，让家住在幼儿园附近的孩子自己报名，抽空来给小麦浇水，最终排了一个“寒假照料小麦值班表”（见图3-80、图3-81）。

图3-80　寒假报名照顾小麦

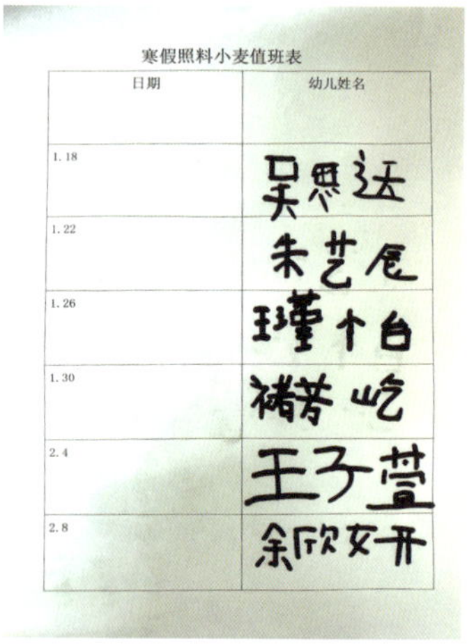

寒假照料小麦值班表

日期	幼儿姓名
1.18	吴思达
1.22	朱艺[illegible]
1.26	[illegible]
1.30	褚芳屹
2.4	王子萱
2.8	余欣妍

图3-81　寒假照料小麦值班表示范图

可是谁也没想到，假期里一场突如其来的疫情，让小麦的假期照顾计划未能顺利地开展。班级自然角的小麦因为缺少阳光和水分而枯黄不堪（见图3-82）；楼顶菜园的小麦由于有天然的雨水浇灌，又有充足的阳光，场地也透气，长得还是非常好，已经进入抽穗的状态（见图3-83）。

图3-82　4月返园后班级种植箱里的小麦

图3-83　4月楼顶小菜园的小麦

4 月份部分孩子返园时，发现班级门口枯黄不堪的小麦都很难过。这天午饭后孩子们坐在走廊休息，在温暖的阳光中，孩子们聚到了小麦种植箱的周围。

王歆辰："你们看小麦都枯了，好可惜啊！你说它还能活吗？"

王伊谦："我觉得死了，活不了。"

王瑾怡："我觉得没死，它的根应该没死。"

于是孩子们对小麦是否已经彻底枯死展开了热烈的讨论（见图 3-84）。

大部分的孩子还是觉得：虽然小麦叶子已经枯了，但泥土里的根应该还没有死。

就在这时候，王歆辰意外地发现了一株已经长出麦穗的小麦（见图 3-85）。

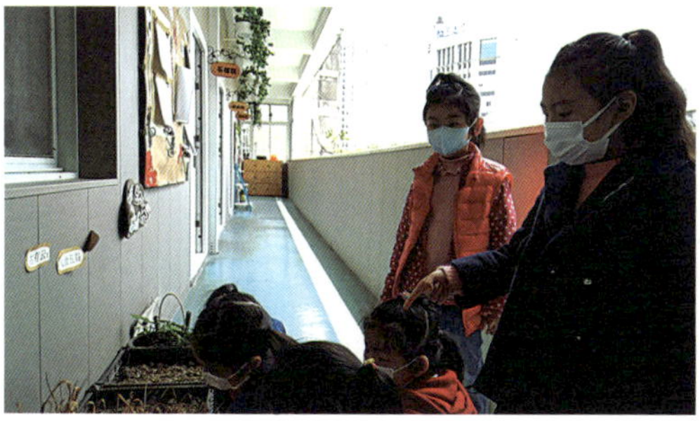

图 3-84　讨论种植箱内小麦的生存状态

图 3-85　发现种植箱内唯一的麦穗

王歆辰："你们看，它可能真没死，还有一个麦穗呢！"

这株唯一的麦穗使孩子们坚信小麦还没有彻底枯死，更燃起了他们救活小麦的决心！

拯救行动

裴思栎小朋友立刻拿起窗台上的喷壶对着小麦一阵猛喷。

这时候吴思远小朋友走了过来，说："裴思栎，你这样浇不对，你应该浇它的根。"

到底是浇叶子还是浇根？孩子们各执己见。

裴思栎："我觉得应该浇叶子，你看叶子都这么干了，还不赶快浇水吗？"（见图 3-86）

图 3-86　裴思栎觉得应该给叶子浇水

王子萱："我觉得叶子已经枯了，应该是

没有用了，还是应该要给泥土多浇水。叶子就用小喷壶喷点就行了，这个上面还有一株小麦呢！”（见图3-87）

汤嘉旭说：“我觉得应该给泥土浇水。植物是靠根来吸泥土里的水，因为根在底下，只能吸泥土里的水，吸不到叶子里的水。所以应该给泥土浇水。”（见图 3-88）

最终孩子们决定，给根和叶子都补充上充足的水分，然后静静地等待小麦的复苏。

图 3-87　王子萱觉得应该给泥土浇水

图 3-88　汤嘉旭阐述泥土对植物生长的重要性

来自对楼顶小麦的猜测

看到孩子们对小麦这么关心，我抛给孩子们一个问题：你们觉得楼上的小麦会长得怎么样？和这株小麦一样吗？

孩子们几乎一致认为：楼上的小麦没有死，而且长得很好。

吴思远：“我觉得楼上的小麦应该是长得湿湿的、绿绿的，因为有雨水又没有屋檐。”

王子萱：“我觉得楼上的小麦应该和下面这个一样（长出了许多麦穗）。”

裴思栎：“我觉得楼上的小麦肯定很好，因为楼上阳光很好。”

汤嘉旭：“因为没有房顶，楼上又有太阳，又会下雨，所以肯定没有干死。”

带着猜想我和孩子们上了楼

图 3-89　去楼顶证实自己的猜测

楼上的小麦正如孩子们所猜测的那样长势喜人，已经长出了很多绿绿的麦穗。孩子们为小麦的长势而欣喜雀跃。他们之前的种植和陪伴，并没有因为疫情的影响而完全荒废（见图3-89）。

对于楼下已经干枯的小麦，孩子们决定由值日生负责给小麦浇足水，再观察一段时间看看。就这样孩子们坚持了两个星期，直到五一劳动节后，种植箱里的小麦还是没有任何起色，泥土也干裂得厉害。

这天王瑾怡在值日时，和小伙伴一不小心拽出一根基本已经脱离泥土的麦秆，发现麦秆的根已经枯黄，叶子摸上去干干的，捏一捏还脆脆的。于是他们很遗憾地告诉小伙伴："小麦真的没用了，根也死掉了，救不活了。"清理了楼下的小麦后（见图 3-90），孩子们的重心就放在了对楼顶小菜园里小麦的观察和养护上。楼顶的小麦呢？它也不负大家的期望，长出了许多麦穗儿，展露出金色的麦芒（见图 3-91）！

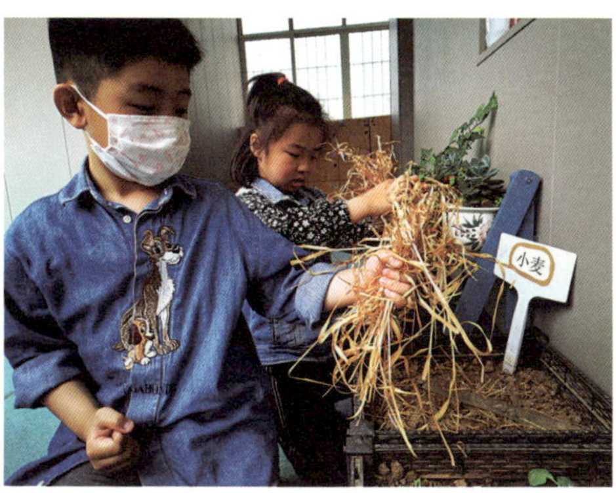

图 3-90　清理种植箱内救不活的小麦枯枝

图 3-91　丰收时金色的麦芒

收获的喜悦

这一天孩子们带上了自己的小剪刀，去收获他们期待了一年的希望（见图 3-92、图 3-93）。

图 3-92　收获

图 3-93　喜悦

他们把剪下来的小麦放在油布上晒了几天后，准备收获最终的喜悦。他们先是蹲下一粒粒地去拽麦穗，后来发现这样一粒粒地拽实在是太慢了。很快胡浩隽小朋友就失去了耐心，开始用麦秆甩着玩。王子萱发现这样做麦粒掉得更快了，于是她开始用力往地上摔打麦秆，高兴地告诉小伙伴这个方法很好用。

我问孩子们：还有什么办法可以让麦粒快速地脱离麦秆？孩子们便探索出了敲、甩、搓、踩、剥、捡等各种快速收获麦粒的方法（见图 3-94 至图 3-98）。

图 3-94　踩

图 3-95　甩

图 3-96　剥

图 3-97　用脚搓

图 3-98　用手捡

最后孩子们细心地拾起油布上的每一粒金色麦粒，如获至宝地握在了他们小小的手上（见图 3-99、图 3-100）。

图 3-99　心爱的麦粒

图 3-100　拾到的麦粒

因为疫情的影响，孩子们最终收获到的麦粒并不多，饱满的麦粒只有 38 粒，但孩子们还是平复不了激动的心情。他们热烈地讨论该如何处理这些得之不易的金色种子（见图 3-101、图 3-102）。

图 3-101　收获

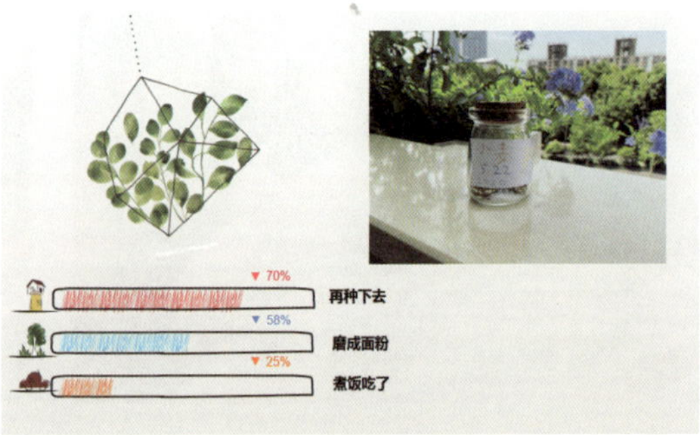

图 3-102　讨论该如何处理收获的麦粒

传　承

最终，孩子们决定将小麦留给弟弟妹妹们继续播种，希望在下一个秋天里，它们继续生根发芽，来年再收获更多的金色的麦粒。

【教师简析】

在本次种植活动中，我们的“小麦”经历秋的播种、冬的蕴藏、春的茁壮，收获了夏的麦芒。孩子们尝试了播种小麦，学习了照料小麦，体验了收获的乐趣，掌握了一定的种植经验和观察记录的方法，看到了一些大自然的现象和规律。

除此之外，在本次活动中，疫情引起的偶发事件，让孩子们对植物生长与自然和社会环境之间的关系产生了更多的思考。活动促进了孩子们独立思考问题、分析问题、解决问题的能力提升。而我们灵活地利用了事态发展的变化趋势，给了孩子们更多的拓展空间，让孩子们有了更多出乎意料的经历和体验。

（教师：孙瑾屏　高宇星）

【同类型活动参考】

活动一：小种子在哪里

适合年龄：3~6 岁

意义与价值：观察植物的内部，感受植物的生发，同时，通过照顾植物，对生命更爱惜、更尊重。了解种子与我们生活中食物的关系。

可以讨论的话题

——你认识哪些种子？你收集到了哪些种子？

——植物是如何保护自己的种子的？植物是如何从种子开始生长的？

——你想种植什么种子？需要什么材料和工具？

——你可以怎样照料植物？

——如何记录植物的生长过程？

可以引发的活动

——种子捉迷藏。寻找水果、蔬菜中的种子，并尝试用多种方式收集这些种子。

——种子拣选。根据自己的分类标准，整理收藏的种子，在这个过程中探索种子的不同质感和品质。

——品尝种子。亲子探究可食用的种子，给它调味，并制作食物，如爆米花、炒南瓜子、炒芝麻、煮蚕豆等。

——种子发芽。播种，观察种子的生长过程。引导幼儿在不同地方播种，比较种子的发芽率。预测、观察、验证种子在室内外不同地方的生长差异及其原因，如水培和土培，室内和室外，向阳和背阴等。

活动二：种植对比试验

适合年龄：5~6 岁

意义与价值：发现同一种植物在不同生长环境下的不同生长状态，理解环境对植物生长的重要性。

可以讨论的话题

——它们长得有没有不同？有哪些不同？

——为什么会有这些不同？你觉得是什么原因造成了它们的不同？

可以引发的活动

——种植对比。把同一种植物分别种在泥土里、沙土里、水里，或者分别种在室内及室外，观察它们的生长情况，通过测量与记录发现生长差异。

——光照实验。将同一种植物分别放在有光照和完全黑暗的环境中，发现植物生长的差别。

活动三：认识小麦、大蒜和韭菜

适合年龄：5~6 岁

意义与价值：运用多种感官，探索发现外形相似植物间的细微差别。

可以讨论的话题

——仔细观察，它们长得一样吗？

——你发现了哪里不一样？你是怎么发现的？

——你认识它们吗？你还知道哪些植物长得和它们很像？

可以引发的活动

——生长观察。对植物的生长进行持续观察、记录，探究幼苗相似的植物在生长过程中是否逐渐产生差别（可参考表 3-3 进行记录）。

——美食对对碰。品尝用它们做成的食物，感受烹饪方法和味道的不同。

表 3-3　植物生长记录表

观察的植物________　　　　　　　　　　　　　　　　　　　记录人________

日期	天气	植物生长状况 （可画图、拍照）	数据记录 （高度、粗细、叶长等）

第四篇

世界是变幻的

冰雪奇"园"

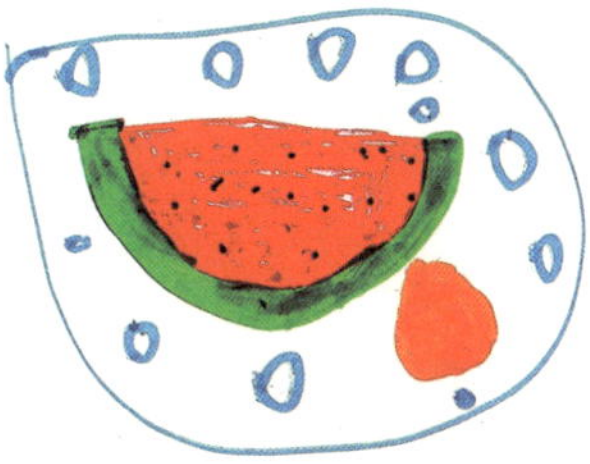

【分享时刻】5~6岁

进入冬季，孩子们最容易感觉到温度的变化。户外活动中，刘沫含发现野趣园滑梯口的水结冰了，兴奋地叫了起来："哇，水结冰了！"她的叫声吸引了其他小朋友，大家纷纷围了过来。啊，冰块！（见图 4-1）大家用手去拿冰块。不一会儿，冰块就融化了（见图 4-2）。

图 4-1　发现冰

图 4-2　冰化成水

寻找工具——温度计

为什么会结冰？什么样的温度下才会结冰？孩子们进行了激烈的讨论。邓子聪："天气很冷很冷才会结冰。"顾博文说："我在电视里看到水在 0℃以下就会结冰。"宝马说："把水放冰箱的冷冻柜里就可以结冰。"孩子们都知道冰的形成与温度有关。

温度用什么工具测量呢？嘟嘟说：“我发烧时，妈妈就用体温计给我测量温度。”月月说：“那是体温计，不是测量天气温度的工具。我爸爸说，测量气温要用温度计。”于是大家纷纷寻找温度计。有了温度计，那谁来做每天的温度测量呢？孩子们商量决定，每天由两名值日生进行室内室外的温度记录，并用曲线表示一周的气温走势（见图 4-3 至图 4-4）。

图 4-3　户外测温

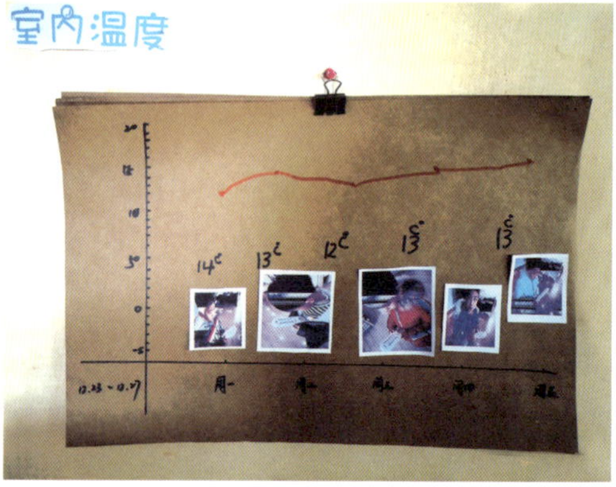

图 4-4　室内温度记录表示范图

幼儿园最冷的地方

天气越来越冷，孩子们开始筹备冰雪节，他们打算在幼儿园最冷的地方制作冰块，可是，哪里是最冷的地方呢？他们选了个没有太阳的雨天，穿上雨衣、雨鞋，带着温度计、记录本来到了花草园，分组对树下、树屋的上面和涂鸦桶里等不同的地方进行探索。孩子们把选择的地方和测得的温度记录在了记录本上（见图 4-5 至图 4-7）。通过温度的比较，大家觉得这些地方都不是幼儿园最冷的地方。

图 4-5　树下测温

图 4-6　桶内测温

图 4-7　温度记录

这天，孩子们来到了教学楼北门外的野趣园。宝马和葛昕瞳选择了观鸟台。宝马说："这上面有风，吹得我都流鼻涕了，我觉得这儿最冷。"邓子聪和顾博文选择了沙池的工具柜，顾博文说："这里应该是最冷的地方，因为这里没有太阳，还有很大的风。"子睿和小月月选择了密不透风的山洞进行温度测量。大家发现观鸟台和沙池的工具柜那里温度下降得最快，应该是最冷的地方（见图 4-8、图 4-9）。

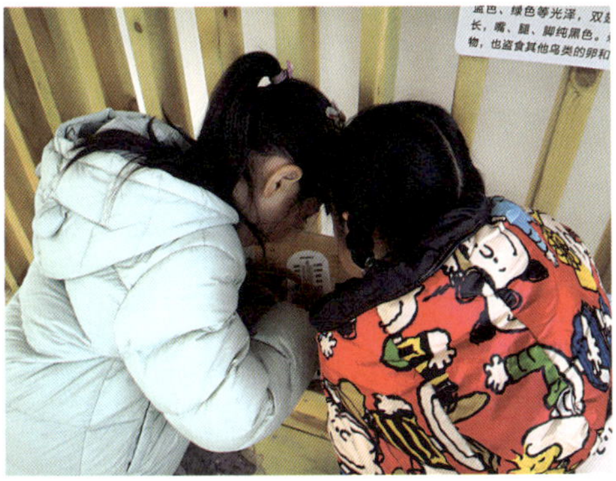

图 4-8　观鸟台测温

图 4-9　不同地方的温度记录

冻冰实验

一天早晨，顾博文发现攀爬架上结冰了，于是，他用温度计测量了攀爬架洞口的温度，竟然是-4℃。终于等到 0℃以下的天气，孩子们找来多种容器，把加了水的容器放在了幼儿园最冷的地方（见图 4-10、图 4-11）。第二天

图 4-10　冻冰实验

一早，孩子们就迫不及待地去看看自己容器里的水是否都结成了冰。嘟嘟开心地跑过来对我说："解老师，我盒子里的水结冰了。"（见图 4-12）而这时邓子聪却说："我的水已经完全结成冰了，冰块连着盒子，怎么拉也拉不开。"一旁的马若瑄和嘟嘟不停地用笔敲打冰块，一边敲一边说："这冰块好硬啊，我敲都敲不动。"

图 4-11　实验地点

图 4-12　水冻成冰

取冰

冰块该如何取出来呢？大家都在想办法，有的直接用笔敲，有的用铲子敲。这时嘟嘟大喊："我的冰块取出来了，不过它碎了。"一旁的胡煜杰说："我的冰块好硬呀，怎么也取不出来。"文文说："把盒子带到教室里去吧，教室里比较暖和，一会儿冰就会融化的。"嘟嘟接着说："那这样好了，我们来比一比，看一看是教室里的冰融化得快，还是挂在树上的冰融化得快。"一场室内室外化冰实验开始了。午睡过后，孩子们一起床就关心放在桌上的冰。显然，盒子里的冰已经完全融化成水了（见图 4-13）。吃完餐点后，大家都迫不及待地想去看一看教室外的冰怎样了。来到室外，孩子们发现挂在树上的冰还没有完全融化，不过它也在慢慢地滴水（见图 4-14）。

图 4-13　室内化冰

图 4-14　室外化冰

经过对比，室内的冰明显比室外的冰融化得快，孩子们得出结论："室内温度高，冰块融化的速度快，而室外的温度比较低，冰融化的速度慢。"

冰雪嘉年华

月月带来了冰雕展的照片，这又引起了孩子们的兴趣：这船真的是冰做的吗？这冰怎么会是五彩的呢？这冰怎么不会融化呢？当大家提出这些问题时，月月神气地向大家解释："这里面是很冷的，进去要穿他们提供的很大的棉衣。这里面的船、房子都是用冰做的。冰里还有灯，看上去亮晶晶的，非常好看。""这冰怎么会是彩色的呢？"嘟嘟问。文文说："大概他们在冰的外面涂上了颜色。"慕张说："可能他们在水里加了颜料。"熙熙说："我们也来做各种各样的冰灯吧！"（见图 4-15 至图 4-17）

图 4-15　制作彩色冰灯

图 4-16 用自然物制作冰灯

图 4-17 用干花制作冰灯

冰雪嘉年华那天，孩子们把自己制作的冰灯挂在了幼儿园的花草园里，各种各样的冰灯点缀着美丽的校园（见图 4-18 至图 4-20）。

图 4-18 挂冰灯

图 4-19 观赏冰灯

图 4-20 纸花冰灯

【教师简析】

结冰，是冬天最常见的自然现象。冰雪，也很容易让孩子们进入神奇的童话世界。随着冬天的到来，温度的降低，不知道哪一天，孩子们就会在一个不起眼的小角落，发现一处晶莹剔透的冰，然后围在那里兴奋不已。每一个孩子，似乎天生都对冰的形成有着浓厚的兴趣。他们通过观察、讨论，了解了冰的形成和温度有关。在探索冰的过程中，他们学会使用温度计测量不同地方的温度，总结冰形成的温度条件并利用温度计寻找幼儿园最冷的地方，为制作冰块做准备，使用工具解决问题的能力得以进一步提升。而在水结冰、冰化成水的冰块制作过程中，孩子们更加直观地感受到了水这一物质形态的变化特性。

有的时候，我们只需要静下心来观察孩子，在他们想要探索、实验的时候，给他们一个自由自在的空间和随时可去的地方，剩下的，就是追随他们的脚步，和他们一起去发现更多奇妙的事情。

（教师：解丽萍　陆一樊）

【同类型活动参考】

活动一：有趣的冰

建议年龄段：4~6 岁

意义与价值：幼儿能够结合身体感知，使用温度计进行温度的记录，发现水变成冰，水的形态发生了变化，得到了有关固态和液态的初步概念。尝试在不同情况下融化冰块，帮助幼儿了解到热能够融化冰。

可以讨论的话题

——冰是从哪儿来的？

——水为什么会结成冰？

——什么样的温度下，水才会结冰？

——可以用什么工具测量温度？

——比一比谁的冰块融化得最快。

可以引发的活动

——工具探索。体验用温度计记录不同地方的温度，比较温度的差异（参考图 4-21）。

——记录温度。根据幼儿不同的年龄特征，选择持续记录周温度或月温度，比较周温度、月温度的曲线变化（参考表 4-1）。

——冰变成水。观察冰变成水需要哪些条件。通过图表记录这些发现（参考表 4-2）。

——冻冰日记。在一个周期内持续对一块地方进行调查，记录每次发现的异同，并尝试寻找原因（参考图 4-22、表 4-3）。

图 4-21　测温

图 4-22　水变成冰

——化冰。在不同时间、不同地点探索冰块融化的状态。

活动二：冰的世界

建议年龄段：3~6 岁

意义与价值：创造性地使用水、颜料和其他自然材料进行冻冰实验，在活动中体验温度、水与其他物质，以及水与冰的关系。

可以讨论的话题

——可以找哪些材料放到水里制做冰灯？

——你收集到了什么？

——你想做什么？你做的是什么？你是怎么做的？

——你有什么发现？还可以玩什么游戏？

可以引发的活动

——五彩冰灯。收集自然物、纸、颜料等放到水里制作冰灯（见图 4-23）。

——冰中的世界。收集不同形状的容器，制作冰块，观察冰的纹理、厚薄，透过冰观察事物（见图 4-24、图 4-25）。

图 4-23　做冰灯

图 4-24　透冰看植物

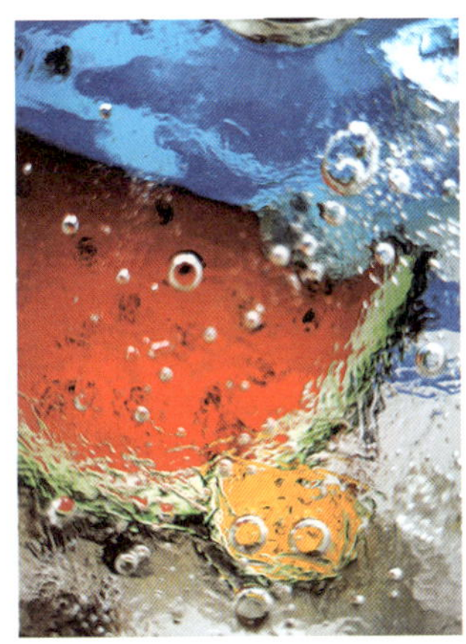

图 4-25　冰里的世界

活动三：冰雪乐园

建议年龄段：5~6 岁

意义与价值：幼儿通过冰雪游戏活动，感受大自然带来的无穷魅力。有趣的冰雪游戏，不仅能锻炼幼儿的意志和勇气，还能增强幼儿的体质。

可以讨论的话题

——你觉得在雪中可以玩什么游戏？

——你想在哪里玩？你需要准备哪些材料？

可以引发的活动

——冰雪迷宫。用雪堆积栈道，进行迷宫的搭建。

——红蓝对战。分成红蓝两队进行打雪仗游戏。

——滑雪大冒险。用滑雪板进行滑雪游戏。

——冰壶游戏。用不同材料制作冰壶进行游戏。

表 4-1　一周温度我知道

温度（℃）	周一	周二	周三	周四	周五	周六	周日
18							
16							
14							
12							
10							
8							
6							
4							
2							
0							
−2							
−4							
−6							
−8							
−10							
−12							
−14							
−16							
−18							

使用小贴士：在每天的同一时间段连续记录一周的温度（幼儿可以在表格中相应的温度段打✓或画○），发现温度变化。

表 4-2　化冰实验

表 4-2-1：加凉水与热水对比

1. 加凉水 	
2. 加热水 	

表 4-2-2：整块冰和碎冰对比

1. 整块冰 	
2. 碎冰 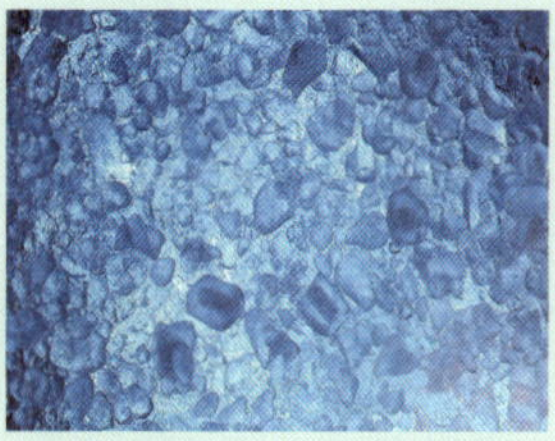	

表 4-2-3：加盐与不加盐对比

1. 不加盐	
2. 加盐 	

表 4-2-4：加热水、加盐、捣碎冰三种方式对比

1. 加热水 	
2. 加盐 	
3. 捣碎冰 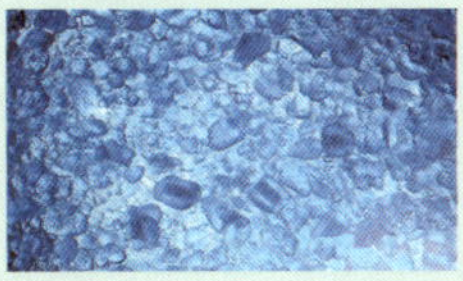	

使用小贴士：用不同的方式进行化冰实验，记录实验过程中的发现。

表 4-3　最冷的地方

我的猜想		感受和发现

使用小贴士：根据生活经验猜想身边最冷的地方，通过温度计测量温度，并记录自己在这个地方的感受和发现。

下雨了

【分享时刻】 4~5岁

今天，是孩子们去“梦想村”游戏的日子。看着窗外，又下雨了，孩子们有些失望。看到他们期盼的样子，我决定来一场说走就走的雨中游戏。听说下雨天也可以出去玩，孩子们欢呼雀跃起来。

茗　茗：“我们想去玩水。”

妍　妍：“我们可以去打水仗。”

霏　霏：“我们可以去接水。”

于是，我们一起扑进了春雨的怀抱里。

欢声笑“雨”

米米、豆豆和芒果一出门就跑到了一处积水很多的地方，有的踢，有的踩（见图4-26）。

米米兴奋地喊道：“太好玩了！”

豆　豆：“你看，我的水踩得比你多。”

星　星：“我的水坑踩得比你大。”

芒　果：“你们都是小猪佩奇啊！”

毛　毛：“雨滴在脸上痒痒的，

图4-26　踩水坑

像虫子爬过一样。”

这时睿睿来到一边，举起小手，接了点雨水，高兴地跑过来说：“你们看我接到雨了！”可是，不一会儿手里的雨就没了。怎么样才能接到雨呢？孩子们都跃跃欲试。

接雨啦！

孩子们返回教室开始寻找合适的接雨工具，可是外面的雨忽下忽停。和一开始不同的是，孩子们都在期待继续下雨。等啊等，终于又下雨了，大家迅速做好准备工作，有的穿着雨衣雨鞋，有的打着雨伞，拿着收集来的瓶瓶罐罐来到了户外。多多拿着水桶跑到了树屋旁，把桶高高举起（见图4-27）；妍妍、牧笛、垚垚、翁天佑拿着小瓶子跑到运动长廊边，伸出手一动不动；天天跑到了屋檐下，用小瓶子对准滴下来的雨水；丁丁和霏霏拿着小瓶子接标志牌滴下的雨水；昕昕、妙妙和婉菁来到蒲棒菊边，收集叶子上的雨水（见图4-28、图4-29）。

图 4-27　站在空旷的地方接雨水

图 4-28　接植物身上落下的雨滴

图 4-29　标志牌下也能接雨水

等了一会儿，多多拿着满满一桶水走了过来。睿睿说：“你的雨怎么这么多呀？在哪里接的？”多多带着睿睿来到了水池边，原来他接的是自来水。睿睿气愤地说："这不是雨水，不算！"

有的人接的雨水多，有的人接的雨水少，这是为什么呢？在哪里可以接到更多的雨水呢？回到教室，孩子们通过分享，发现开口越大的容器越容易收集到雨水；相同的容器在不同的地方接雨水，有的地方接到的多，有的地方接到的却很少。

雨水收集记

断断续续下了好几天的雨，孩子们在接雨游戏时发现幼儿园的滑梯小船里积满了雨水，乔珞菱和陈思涵用塑料小盒子将积雨舀到大瓶子里。

珞　菱："这次我们的雨水肯定是最多的。"

思　涵："我们要多舀一点，全部带回去。"

同伴看见她们在舀水，也找到另一处积雨较多的滑梯小船。王芊语学着她们用小盒子舀水。黄旭直接将大瓶子放在积雨里灌（见图 4-30）。他说："我这样可以快一点。"不一会儿他就装了半瓶水。大家都收获满满。

图 4-30　用塑料小盒子舀雨水

睿　睿："我要把我的雨水带回家。"

多　多："我们就把它带回教室吧。"

活动结束后，孩子们将收集的过程画了下来（见图 4-31、图 4-32）。

图 4-31　《在泥坑里舀了好多脏脏的雨水》

图 4-32　记录雨天的小故事

尹梓初一边画一边说："雨是小小的，细细的。"

多　多："我在泥坑里舀了好多水，但是非常脏。"

回到教室，孩子们拿着自己收集的雨水观察起来。婉菁打开自己的小瓶子。

博　文："你闻闻它。"

婉　菁："有甜甜的味道。"

霏霏也闻了闻："我的雨水有股难闻的味道。"（见图 4-33）

天　天："我的雨水没有味道，是透明的。"

老　师："为什么我们的雨水味道不一样？"

霏　霏："我的雨水是在泥坑里舀出来的，一定是带着泥土的味道，臭臭的。"

婉　菁："我是在小花上收集的雨水，所以甜甜的。"

孩子们七嘴八舌讨论的时候，妙妙不小心打翻了雨水。

芒　果："哎呀，好可惜呀，这样雨水都浪费了！"

老　师："收集到的雨水怎么样利用才不浪费呢？"

多　多："可以用来洗手。"

霏　霏："不行，雨水太脏了，不能洗手的。"

芊　芊："可以用来拖地。"

梓　初："可以用来浇花。"（见图 4-34）

孩子们用自己的方式珍惜着每一滴雨水……

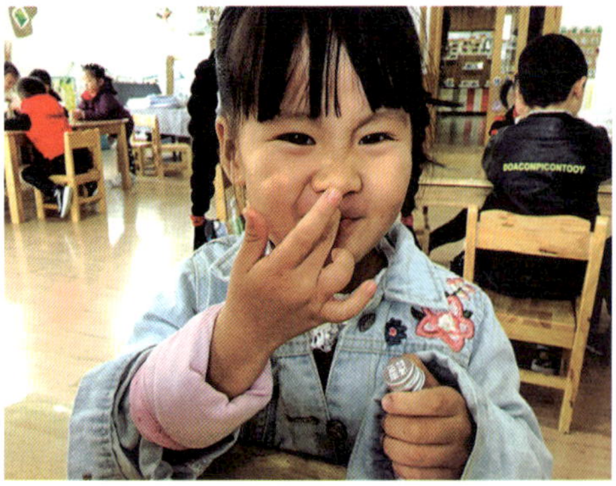

图 4-33　闻一闻雨水是什么味道

图 4-34　用收集的雨水给植物浇水

【教师简析】

雨是生活中常见的自然现象，几乎每一个孩子都喜欢用手接一接雨水，在积水中踩一踩、跺一跺。一个平常的雨天，给了我们和孩子们一次和雨亲密接触的机会。

在雨中自由玩耍，孩子们会爱上雨天并释放天性。在玩的过程中给幼儿充分思考、探究的机会，鼓励幼儿选择合适的容器，去不同的地方，采用不同的方式接水、收集雨水，对收集到的雨水进行观察，展开了一系列关于雨的活动。在活动中，孩子们充分运用各种感官去感受雨水的特性，并通过对比发现，收集地点、使用工具的不同都会影响雨水收集的结果。孩子们还利用图画、符号记录自己的发现，用自己的语言对发现的现象进行简单的描述。所有活动中的发现和惊喜都是孩子们对于“下雨”这一自然现象的感性认识和直接经验，收获了属于他们在雨天的独特快乐。

（教师：杨娟　戚晓倩）

【同类型活动参考】

活动一：雨天游戏

建议年龄段：3~4 岁

意义与价值：在下雨天奔跑、接雨滴、踩水坑，在游戏中探索雨天的特征，体验游戏的快乐。

可以讨论的话题

——雨落下来会有什么声音呢？

——雨落在身上会是什么感觉？

——雨落下来时像什么？

可以引发的活动

——看雨。观察雨天，用自己喜欢的方式进行记录。

——听雨。仔细倾听，分辨大雨和小雨，以及雨落在不同的地方发出的不同声音，学会用简单的语言讲述。

——接雨。寻找不同容器尝试接雨，倾听雨落在不同容器上发出的声音（参考表 4-4）。

活动二：踩水坑

建议年龄段：3~6 岁

意义与价值：穿上雨衣、雨鞋探索大自然的秘密，感知泥土的变化和水的流动。

可以讨论的话题

——看看水如何流动，它都流到了什么地方？

——踩到有水的泥坑里会有什么感觉？

可以引发的活动

——踩水坑。感受洼地的高低，以及泥的黏性。

——找水坑。雨天探索，观察水流方向。

——观察水坑。观察水在泥土表面的特性。

活动三：雨水的秘密

建议年龄段：5~6 岁

意义与价值：通过观察、操作和简单的实验，了解水的蒸发和雨的形成。

可以讨论的话题

——为什么会下雨呢？

——你在哪里看过水蒸发的现象？

可以引发的活动

——蒸气大发现。观察生活中什么时候会产生蒸气，尝试用自己的方法收集蒸气，观察蒸气的变化。

——消失的雨水。将接到的雨水放在不同的环境中（如室内、户外阴凉处、阳光下），观察、记录容器中雨水量的变化。

活动四：雨天相见的朋友

建议年龄段：4~5 岁

意义与价值：观察在雨天出现的小动物，关注天气和环境与小动物的习性、行为之间的关系（参考表 4-5）。

可以讨论的话题

——雨天和平时有什么不同？

——雨天会遇见哪些平时见不到的“朋友”？

可以引发的活动

——大自然的雨伞。带领幼儿寻找附近的芋头叶、荷叶等。用叶子宽、叶柄长的植物当雨伞。

——雨天昆虫记。寻找雨中的昆虫，用渲染、剪纸、粘贴等方法表现雨中的昆虫，并做成一本自己的昆虫手册。

表 4-4　收集雨水

记录人__________

收集雨水的容器 	
收集到了多少雨水？ 	
有什么发现？	

使用小贴士：选择自己喜欢的容器去接雨水，记录下自己收集了多少雨水，以及收集到的雨水都发生了哪些变化。

表 4-5　雨中相见的朋友

日期：　　　　　　　　记录人：

使用小贴士：在雨天你会遇到谁呢？把你遇到的“朋友”及和他（它）之间的故事用绘画的方式记录下来吧。

什么都可以有影子？

【分享时刻】 4~5岁

在户外宽阔的场地上，在或温暖或热烈的阳光下，孩子们总会产生一些和影子相关的有趣话题。

佘思逸："影子是地上的黑色。"

何　暄："影子就是螃蟹的影子。"

陈梓萱："影子就是太阳照出来的。"

老　师："是不是所有的东西都有影子？"

陈一诺："是的。"

周思远："不是，小鱼在水里，水里没有太阳，所以小鱼没有影子。"

宋沭函："不是，河就没有影子。"

李可欣："天上的星星没有影子。"

影子会动吗？

"影子会动吗"这个问题引发了大家的讨论，孩子们自然地分成了两组。有 23 个孩子认为影子是会动的，还有 6 位孩子执着地认为影子是不会动的。他们来到了户外，想用自己观察到的事实来验证自己的答案（见图 4-35、图 4-36）。

何　暄："会动，人的影子会动，人一走路，太阳一晒，影子就会动了，但人不动影子就不动了。"

宋沭函："会动的，太阳晒在我们身上的时候影子就会出现，不过树叶的影子是不会动的，因为它没有脚。”

佘思逸：“会的，红旗在有风的时候动，影子就动了，但是旗杆不会动。”

图 4-35　有风，绣球花的影子会动

图 4-36　攀爬架的影子不会动

陈一诺：“不会的，因为房子的影子就不会动。”

陆彦希：“篮球架的影子会动，我用手推了一下，它就动了。”

陈一诺：“滑梯、攀爬架的影子不会动，它们牢牢地固定在地上，动不了。”

孙瑾恬：“树干不动，树叶有风就会动。”

原来的两个小组都发现既有“会动”的影子，也有“不会动”的影子。

孩子们很想要捉住影子，那么怎么才能捉住影子呢？孩子们选择用笔描出影子的轮廓，描出各种各样的影子。在画影子的过程中，孩子们丰富了对物体和影子之间关系的认知，进一步了解了影子的特性。

图 4-37　用粉笔画攀爬架的影子

“不会动”的影子真的不会动吗？

户外活动的时候，教师提供了很多粉笔，来得早的孩子们寻找喜欢的影子进行描画。他们选择将“不会动”的国旗杆、攀爬架的影子描画在地上（见图 4-37）。午饭后散步，孩子们发现“不会动的影子”已经“跑走了”，这是为什么呢？

李泰然：“因为太阳的位置变了，所以影子换位置了。”

胡欣珚：“我在电视上看到的，太阳动，影子也会动。”

影子有颜色吗?

美工区的小朋友们在画自己的影子，有个小朋友把影子画成了彩色的，这引起了同伴的讨论。

陆彦希："影子是黑色的。"

周思远："影子都没有颜色。"

陈一诺："影子也有灰色的呢!"

对于这个话题，孩子们又再一次发表了不同的意见，影子到底有没有颜色呢？老师让孩子们带着各种材料，到户外在阳光下观察影子的颜色（见图 4-38、图 4-39）。

图 4-38　彩色的影子真好看

图 4-39　影子是有深浅的

李泰然："影子有深有浅。"

孙瑾恬："太阳照在彩色片片上面，影子就会有颜色。"

宋沭函："透明小伞的影子是很浅的，黑色伞的影子是很深的。"

孩子们在自己探索的过程中又发现影子的不同变化，比如半透明有颜色的物体会投射出它自己的彩色影子（见图 4-40）。

图 4-40　影子也可以有造型

站起来的影子？

李可欣：“影子和太阳有关，只有太阳可以产生影子吗？”

我们在班级内投放了手电筒等照明设备。孩子们选择不同的材料进行光影的投射，用各种美工材料制作出形式多样的站立小人儿，用手电筒进行投射，再描绘小人儿各个角度的影子（见图4-41、图4-42）。当他们光照的位置发生变化时，影子会不停地变化。

图4-41 影子游戏：恐龙世界

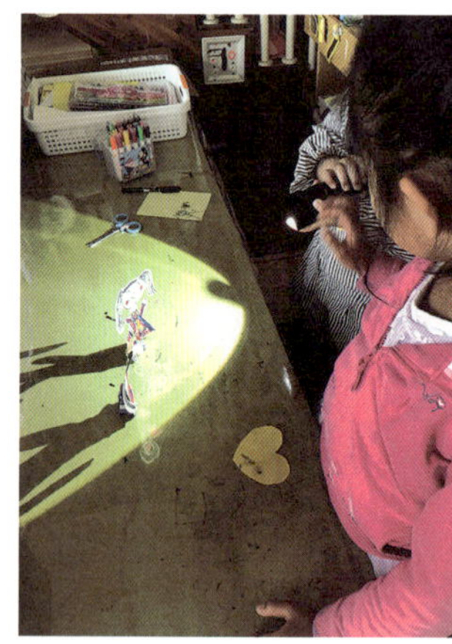

图4-42 用手电筒照小人儿

林祈睿：“我的小人儿的腿很长。”

秦焕然：“她的辫子变长了。”

孙瑾恬：“小人儿在睡觉，躺在了地上。”

张恒瑞：“影子都是躺在地上的。”

那么，影子可以站起来吗？老师提出了新的挑战，谁可以让影子站起来？

林祈睿：“影子靠在我的身上，就可以站起来了。”

张君雅：“人倒下去影子就可以站起来。”

老 师：“这样真的可以做到吗？你们可以去试一试哦！”

林祈睿怎么都没有办法让影子靠在自己的身上。当张君雅躺在地上时，林祈睿发现：“她的影子都没有了。”

小朋友们都拿着手电筒想要找到站起来的影子。朱蔚熙一步一步地往墙边走，他的影子也慢慢地爬上了墙面。

小朋友们惊讶地发现，他们成功地让影子站起来了！

【教师简析】

不管是小小孩儿，还是较大的孩子，对于影子都有着非常浓厚的兴趣，在户外宽阔的场地上，在或温暖或热烈的阳光下，孩子们总会发现一些和影子相关的有趣事件，和同伴、老师一起分享。

从和影子的简单互动，到开始讨论影子会动还是不会动，孩子们开始关注影子背后的秘密。我们一直在关注孩子们探究的过程，并和他们一起讨论，鼓励孩子们积极尝试用不同的方法去验证猜想。当他们对影子有没有颜色感到疑惑时，我们鼓励他们选择不同的物体进行观察。孩子们发现影子有深有浅，半透明有颜色的物体会投射出彩色的影子。他们通过自己的发现，重新建构了对影子颜色的认知。对影子的探究不断深化。在影子游戏的过程中，我们适时向孩子们抛出了新的挑战——让影子站起来。他们尝试不同的方法，成功地完成了挑战，也收获了巨大的成就感！

孩子们关于科学的游戏和想法，总是伴随着关注、深化和挑战的过程。在这样的过程中，他们感知自己、物品、影子和光之间的关系，也完成了对“影子”经验的自主建构。我们作为教师，同时也是孩子学习的同伴，不只是跟随他们的脚步探索“影子”的秘密，还可以随着探究的深入及时抛出问题和猜想，不断地观察、倾听、思考如何支持孩子们的学习。

（教师：郁静　张子系）

【同类型活动参考】

活动一：多变的影子

建议年龄段：3~4 岁

意义与价值：通过观察、比较、实验等方式发现影子的秘密。

可以讨论的话题

——在阳光下我们的影子是什么样子的？

——可以跟影子玩什么样的游戏？

——用手电筒照射不同物体，影子有什么区别？

可以引发的活动

——影子变变变。先用手电筒照一照自己的小伙伴，从不同的方向、不同的距离都来试一试，看看影子发生的变化。

——手影游戏。通过玩手影游戏，能根据动物的外形来猜动物，让幼儿感受其中的快乐。

——光的投射。利用光对彩色塑胶片和动物卡片进行投射，发现光的颜色和不同光线下动物形状的变化。

活动二：会动的影子

建议年龄段：5~6 岁

意义与价值：幼儿对于日影长短变化很感兴趣，他们愿意用自己的想象去解释这一现象，它愿意选择不同的材料对影子进行实际测量，从而发现日影长短的变化。

可以讨论的话题

——影子有长短吗？早上、中午、下午的影子有变化吗？

——影子会动吗？

——用什么工具或材料可以测量影子呢？

可以引发的活动

——影子的变化。分别在早上、中午、下午，用同一种工具测量影子的长短。从而发现日影长短的变化（参考表 4-6）。

活动三：皮影剧场

建议年龄段：4~6 岁

意义与价值：探索皮影的特点，并初步尝试制作皮影人。

可以讨论的话题

——什么是皮影戏?

——制作皮影人需要用到哪些材料?

——制作时需要注意什么?

可以引发的活动

——制作皮影人。幼儿利用不同材料制作皮影人。

——皮影剧本。创编故事内容，确立角色及简单的对话，合作创编丰富有趣的皮影剧本。

——皮影戏表演。与小组成员分工合作，进行简单的表演。

表 4-6　会动的影子

观察时间段	观察对象：自然物（花、草、树等）
上午	
中午	
下午	

使用小贴士：观察影子的当天要有阳光，选择一个参照物，用粉笔或标记粘贴的方式。通过不同时间段的观察发现变化并记录。记录方式：照片、语言或绘画。

神奇云朵在这里

【分享时刻】5~6岁

11月底进入深秋，孩子们正处于“神奇动物在哪里”这个主题的学习中，憨态可掬的国宝大熊猫，国外的袋鼠、安哥拉兔，远古时期的恐龙等动物走进了他们的视野。这天，孩子们和往常一样去洗手准备吃餐点，马姜突然指着天上喊起来：“你们看，天上的云好像恐龙骨架啊！”听他这么一喊，越来越多的孩子聚了过去，纷纷喊道：“是啊，天上的云像是个恐龙骨架。”团团手指得老高，说：“最高的那边是恐龙的头。”灏灏兴奋地补充道：“下面的是恐龙身上的骨头，会在天上飞的，那就是翼龙！”随着孩子们热烈的讨论，天上的云逐渐飘散，不再有恐龙的样子，马姜略带失望地说：“天上的恐龙不见了。”团团也说：“是啊，不见了，云飘走了。”添添问：“那我们下次什么时候还能在天上看见大恐龙呢?”孩子们都纷纷摇头。灏灏说：“说不定，下次它还会来!”从此，孩子们对瞬息万变的云产生了浓厚的兴趣，经常会留心观察天上的云朵，一场“观云之旅”自此开启(见图4-43至图4-45)。

图4-43　发现云了

图 4-44　像羽毛一样的卷云

图 4-45　《恐龙云》

这个云，厚厚的

12 月的第一天，中午吃完午餐，孩子们一起去楼顶的小菜园散步，想看看种的萝卜长得怎么样了。走着走着，佑佑突然指着天上说："你们看那团云，有点黑黑的。"其他小朋友跟着抬头看，也说起来："是有点黑啊，但不像乌云，还有光呢。"佑佑问："没有下雨，那太阳去哪儿了呢？"小花指着云层边溢出的光说："在那儿！太阳在那儿！云把太阳挡住了！"添添说："你们看这团厚厚的云像不像大公鸡。"小花说："中国的地图也像个大公鸡！"其他小朋友你一言我一语地指着那团云说："这是鸡头，那是鸡的尾巴，这是鸡的身体。"（见图 4-46、图 4-47）

图 4-46　堡状云

图 4-47　《像公鸡一样的云》

鱼鳞一样的云朵

12 月 15 日，孩子们一早来到幼儿园进行晨间锻炼，正顺着滑梯台阶向上爬的佑佑一抬头，看见了天上的云，感叹道："哇，天上的云好多好多啊，像鱼鳞一样，太阳都看不见了。"源源这时候也来到滑梯边，还没放下书包的他也被天上的云吸引住了："哇，好漂亮啊，我觉得更像棉花糖，大大小小的挤在一起。"过了半个小时，小朋友陆陆续续地都来了，先来的小朋友炫耀似的跟刚来的小朋友说："你们看天上，我们发现的云，漂不漂亮，像鱼身上的鱼鳞。"这时候天上的云没有一开始那么密了，露出了蓝蓝的天（见图 4-48、图 4-49）。

图 4-48　毛绒云密密的

图 4-49　毛绒云散开一些了

回到班里，孩子们仍在说着刚刚看见的云："你知道吗？早上我们发现了超级好看的云，让老师帮我们拍下来了！"晚来的小柠檬也不甘示弱地说："妈妈送我路过苏宁的时候也看见了，我还让妈妈帮我拍下来了呢。"见孩子们对云的热情高涨，于是我问："你们知道吗，云看起来每天都不一样，其实，云也可以分类哦，并且都有自己的名字。"佑佑紧跟着问："那我们今天看到的云叫什么名字啊？""你们先回家和爸爸妈妈一起找一找关于云的知识，明天到幼儿园来，老师给你们揭开谜底。"

第二天，我和孩子们一起了解了云有哪些种类，每个种类的云分别是什么样子（见图 4-50）。

图 4-50　云系类别示范图

对比找到的资料，我们得出结论："我们第一次拍到的云，就是卷云，丝丝缕缕地飘浮着，最高，最薄，象征晴朗的天气，属于高云。底部水平，顶部则是并列着突起的小云塔，形状像远方的城堡，这种云叫作'堡状云'，包括堡状高积云和堡状层积云。堡状云的出现，表明大气中储存着不稳定能量，可能会出现雷雨天气。"

关于云朵的讨论还在继续。

教　师："那种厚厚的看起来离我们很近的云，你们猜一猜是低云、中云还是高云呢？"

小　皓："离我们很近，那应该是低云吧。"

……

天上的"海浪"

我常和孩子们说，云就像天空送来的礼物，在某个瞬间，抬起头就能遇见。经过将近一个月的时间，孩子们有主动观察天空、云的意识了，看云的次数也越来越多了，很多时候都是他们嚷着说发现了好看的云彩，叫老师一起去看，帮他们拍下来。有一天，天上的云又给孩子们带来了独特的观感。这天，小柠檬来到幼儿园，兴奋地说："早上我和妈妈一起看见了像波浪一样的云彩，我让妈妈传到群相册里了。”佑佑附和道：“我也看见了，我一来幼儿园就看见了。”

我把上次拍到的照片和今天的照片放在一起，试着问孩子们：“这次的云，和上次的有什么不同呢？”源源脱口而出：“这次的云是一条一条的，排得很整齐，像线条，上次的是一块一块的。”小花说：“这云一条一条的，好像斑马的花纹。”多多说：“天空都变得像大海一样了，有很多波浪。”佑佑：“那它应该和其他云一样也有名字吧。”小花：“我想叫它斑马云。”多多：“那我叫它波浪云好了。”（见图 4-51、图 4-52）

图 4-51 像海浪的状高层云

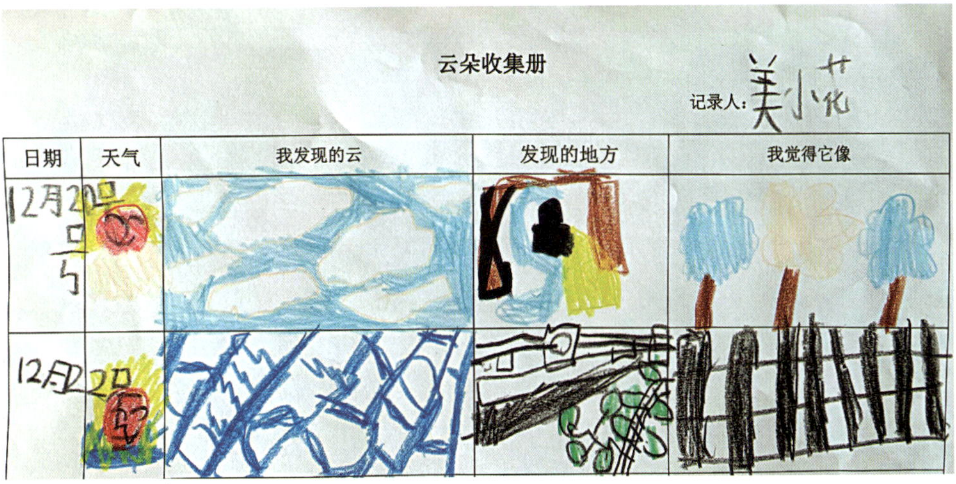

图 4-52 观云记录图

“造云”实验

观察到这么多种云之后，我又利用网络资源带孩子们了解云是如何形成的，这时，马姜突然小声嘟囔道：“可是云离我们太远了，只能远远地看着它。”是啊，我想，纵然孩子们抬头就能看见云，但云离他们还是太远了，怎么才能让他们近距离看到“云”呢？于是“造云”实验就这样诞生了。首先准备好热水、火柴、玻璃瓶、小托盘和冰块。佑佑把热水装进瓶中约1/3的位置，我把点燃的火柴放进瓶子里，小玉米用盛有冰块的托盘盖住瓶口（见图4-53、图4-54）。只见瓶子里慢慢出现了白色的雾，并且越来越多。

图 4-53　倒热水

当源源打开托盘时，白色的云真的从瓶子中飘了出来，孩子们发出了欢呼：“云真的飘出来了！”“我看见云了！”

图 4-54　放冰块

图 4-55　云飘出来了

【教师简析】

云是孩子们生活中最常见的自然现象，富于变化并呈现出多角度、多层次的美感。孩子们并没有与云相关的知识储备和丰富的前期经验作为铺垫。一方面，孩子们很少会注意到云的变化；另一方面，云不是一成不变的，能观察到的时间较为短暂。因此，从孩子们关注到第一朵云开始，保持孩子们观云的兴趣，培养他们观云的习惯是很重要的。一个月的时间下来，当大部分孩子养成了去抬头观察天空的习惯，他们就获得了更多发现不同云朵的可能性。在课程故事的整个发展过程中，我们惊喜地发现，孩子们能够逐步主动发现在他们眼中独具魅力的云，并邀请大家共同观察，根据观测到的云的特点，积极参与讨论。

养成主动观察自然界的习惯，是孩子们成长过程中的一大收获。当孩子们拥有善于发现的眼睛，加上其好奇求知的天性，他们将会在今后的生活中受益颇丰。

（教师：李碧媛　张璐）

【同类型活动参考】

活动一：神奇的云朵

建议年龄段： 4~6岁

意义与价值： 着重观察云朵的形状与组合，结合生活中的经验，发挥想象并根据云朵进行创意绘画。

可以讨论的话题

——你是在哪里发现的云？

——这朵云有名字吗？叫什么？

——这朵云像什么？

可以引发的活动

——云的想象。幼儿观察云朵，表述自己的想象，选择自己喜欢的方式进行记录。

——水拓。幼儿用油水分离的水拓画的方法，画出云朵流动的样子（参考图4-56）。

——水粉宣纸。幼儿利用宣纸的吸水性，调和不同深浅的颜色，创作一幅生动多彩的云朵。

图4-56　水拓画《云》

活动二：云朵收集册

建议年龄段： 4~6岁

意义与价值： 培养幼儿观察自然界云系变化的习惯，使他们发现云朵和天气变化之间的联系。幼儿可随时回顾、欣赏自己已经发现的云朵。

可以讨论的话题

——你发现了哪些云？

——你发现这朵云时天气如何？

——你为什么想要把这朵云放进《云朵收集册》？

可以引发的活动

——云朵记录手册。利用相机，对天空中云朵的形状进行拍摄，最后整理成自己的《云朵收集册》（参考表 4-7），引发讨论。

活动三：美味的云朵

建议年龄段：4~6 岁

意义与价值：活动可以拉近幼儿与云朵的距离，云朵不止在天上，也可以通过我们的想象力和创造力，用各种方式制作“云朵”。幼儿可以对“蛋清云朵”进行三维的形状塑造。

可以讨论的话题

——制作“美味的云朵”需要哪些材料？

——有哪些制作步骤？

——你想做什么样的“美味云朵”呢？

可以引发的活动

——云朵蛋糕。

——棉花糖。

——荷包蛋。

表 4-7　云朵收集册

发现者＿＿＿＿＿＿

日期	天气	我发现的云 （绘画或照片记录）	发现的地方	我觉得它像……

追风的孩子

【分享时刻】5~6岁

冬天到了，寒风凛冽，孩子们身着厚实的衣服，讨论着冬天的趣闻。

一天早晨，室外刮起了大风，我赶紧关上门，避免孩子们被风吹到而感冒，但是稍不留神还是让一阵凉风钻了进来。靠门口最近的谈屹哲脖子缩了缩，小声说了一句："好冷呀！"一旁的贺清悦却说："我很喜欢风，刮风时能放风筝。"于是这两个小朋友争论起来，其他孩子也开始小声讨论。我对小朋友们说："今天的风特别大，有的小朋友说风太冷了，不喜欢风，有的小朋友说风可以做游戏，很喜欢风。既然大家有不同的想法，不如就说说各自的理由吧！"

在孩子们你一句我一句的激烈讨论中（见图4-57、图4-58），石榴班的追风之旅悄然开始了……

图4-57　讨论风的好坏

图4-58　激烈讨论风的出现

"寻风"小队

后面几天，天气也逐渐变冷。每天早上来到教室后，我都能看见小朋友们冻红的小脸蛋，也听见小朋友们叽叽喳喳地在讨论着什么。孙誉珂说："今天外面好冷啊!"卢昱彤说："风吹得我的小脸好痛啊!"杨锦说："你们看见过风是什么样子的吗？我在外面见到了。"其他孩子更是一脸好奇。我问杨锦："你在哪里见到的？"他指了指幼儿园外的滑梯，于是我便带着孩子们一探究竟。果然，当我们来到一处滑梯，迎面吹来一阵阵的凉风。这时候潘镜心说："我知道五楼花园里全是风!"这下孩子们都兴奋起来了。还有人说教室的电风扇里有风，幼儿园器材室里也有。于是我立刻成立了四支"寻风"小队，让孩子用自己喜欢的方式方法记录自己发现的风。在五楼花园，有一支装备精良的小分队，任芷昕正举着她的幼儿相机拍摄拱门上摇摆的植物（见图 4-59、图 4-60）。陈希文拿起自己的画本将无形的风记录在自己的本子上，其他孩子也用自己的方式"寻风"并做了记录（见图 4-61 至图 4-64）。

图 4-59　风中晃动的蔬菜

图 4-60　拍下风的痕迹

图 4-61　感受夹缝中的风

图 4-62　记录风穿过的地方

图 4-63　风能做什么

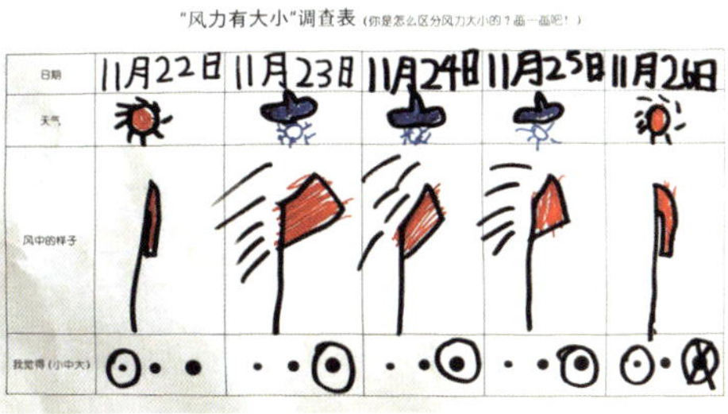

图 4-64　风力有大小

和风玩游戏

不是每一天都有风的，今天虽然很冷，但是孩子们没有因为冷而减少对风的探索兴趣，反而有了新的想法——与风做游戏。即使没有自然的风，孩子们也能想到如何制造风。首先进行的是风车游戏。孩子们每人折一只纸风车，在室外游戏，想办法让风车转起来。孩子们有的跑起来，有的用嘴吹，有的找来硬纸板使劲扇，小小的风车都转起来了（见图 4-65）。李欣悦跑到我身旁问我：“老师，为什么一跑风车就转呢？”还未等我开口，朱芃芃抢先说：“因为一跑就有风，有了风，风车就会转。”钱璟说：“为什么一跑就会有风呢？”潘镜心说：“上次老师讲空气在哪里时告诉我们，在我们身边到处都是空气，我们一跑，空气一定会动，空气一动就会有风。”听了潘镜心的回答，我竖起了大拇指。除此之外，小朋友们还想出了报纸赛跑、扔纸球的游戏。孩子们发现，逆着风跑步，报纸贴得更紧，顺着风扔，纸球飞得更远。在众多游戏中孩子们最感兴趣的还是风帆小船。钱思果自制一艘帆船，将它放在水面上，当她对着船帆吹气时，船就受到风的影响随风而动。其他孩子也争相加入进来。

图 4-65　与风做游戏

我有新发现

由于每天天气的差异，李子韩发现，不是什么天气都有风。通过五楼植物的左右摇摆，卢昱彤发现风有不同的方向。通过玩纸船游戏，钱思果发现风有大有小。就在孩子们满心好奇又一头雾水的时候，我神秘地对他们说："告诉大家一个关于风的秘密，其实风有风向，还分等级！"朱芃芃第一个跳出来："老师，怎么知道风向，怎么分等级呢？"我笑着说："告诉你们就不叫秘密了，请你们用自己的方法告诉我风是大是小，1—10 级你们自己分一分等级。"

第二天上午大家都带来了自己的答案，陈希文一个人聚精会神地盯着一张餐巾纸，原来她不知从哪里拿来了一个木棍，木棍上沾着薄薄的一张纸，当有风吹时，看纸的方向就知道风的方向了，这是个不错的办法。还有孩子不停地写写画画，原来是在做风力等级记录。通过与爸爸妈妈讨论和上网查阅资料，李子韩了解到：一级风就是知道风来了，二级风能把头发吹动，三级风能把操场上的国旗吹动，四级风吹得树叶乱飞，更高等级的风可能会把人、房子都吹飞了！

风向标的出现

我继续和孩子们讨论："你们知道负责天气预报的科学家是怎么预测风的等级和风向的吗？"见多识广的潘镜心说："我知道，科学家有专门测量风的仪器。"我说："是的，那个测量仪器就叫风向标，你们见过风向标吗？"很多孩子都开始摇头。"看来风向标在日常生活中不多见，今天老师就带大家做一个风向标，所需的材料是非常容易找到的，做法也比较容易。"孩子们非常兴奋，于是我们收集了一张硬纸板、两根粗吸管、两根细吸管、胶带和瓶盖。孩子们制作完风向标后迫不及待地拿到五楼楼顶，试试用风向标能不能测出风向。当潘镜心将自己的风向标放在露台上时，风向标顿时就随风动了起来，箭头所指的方向就是风的方向。"我们成功啦！"（见图 4-66、图 4-67）

图 4-66　一起制作风向标

图 4-67　观察风向标

【教师简析】

“风”对孩子们来说并不陌生，他们玩过许多游戏：玩风车、放风筝等，这些游戏都离不开风，所以孩子对风有很多的感性经验。我们以常见的自然现象“风”为载体，发现幼儿感兴趣的事物，发掘游戏和偶发事件中所蕴含的教育价值，把握时机，积极引导幼儿探索新鲜事物。大自然为孩子们提供了回归本真的游戏内容和材料，幼儿主动探究，在自然环境中了解风的等级、风的种类、风的运动方向，从而直观、形象、生动地获得有关风的经验。在以游戏为基础的课程中，孩子们不仅满足了内在表达的需要，也进行了一系列的观察、探究和艺术活动，逐步了解有关风的秘密，感受到了大自然的神奇多变。

（教师：许同庆　徐砚婷）

【同类型活动参考】

活动一：与风一起玩

建议年龄段： 3~6 岁

意义与价值： 通过各种有趣的游戏，感受和体验风的存在。

可以讨论的话题

——你和风玩过哪些游戏？是怎样玩的？

——用到了哪些材料？

——玩的时候发生过哪些有趣的事情？

可以引发的活动

——风车。手持风车，通过奔跑、吹气等方式，使风车转动，体验玩风车的乐趣。

——风中丝带。准备轻质布条或丝巾，把布条或丝巾悬挂起来，形成长长的“尾巴”随风飘动，观察并预测风向。

——放风筝。带着风筝到户外，牵动风筝线，通过奔跑放飞风筝。

——吹蒲公英。把蒲公英种子吹向空中，观察风如何携带种子飞行。

——吹吸管。把物体放在托盘上，并用吸管吹动，探索空气对物体的影响。

——吹泡泡。扇动或吹动泡泡，使泡泡移动但不能让它破灭。

——报纸和风。通过快速奔跑，在手不接触报纸的情况下送报纸到指定地点。也可以探索将报纸扔远的办法，感受风的阻力。

小提示：在与风游戏的过程中可以使用表 4-8 进行记录。

活动二：风的实验

建议年龄段： 5~6 岁

意义与价值： 通过各种有趣的风的实验，认识到无形的风与科学息息相关。

可以讨论的话题

——风有力量吗？

——风有没有方向？

——风可以用来做什么？

可以引发的活动

——火箭气球。把空气吹入气球，再把气球绑在吸管上，用细线穿过吸管，观察空气外泄时气球是如何沿细线快速移动的。

——风往哪边吹。介绍东南西北四个方位，幼儿自制方位标签，通过风中的丝带指示，辨别风向。

——风的力量。观察身边的物品，寻找哪些物品是可以被风吹动的，感受风力的大小和被吹动物品的重量之间的关系；尝试用不同的方法制造风，用风吹动身边的各种物品，记录下吹动物体的方式（参考表4-9）。

活动三：风声入耳

建议年龄段：5~6岁

意义与价值：了解风也有不同的声音，并尝试感受不同风声的差别。

可以讨论的话题

——风会发出什么样的声音？

——物体在风中滑动相互撞击会发出什么声音？

——你听到过多少种风的声音？

可以引发的活动

——自然物演奏。幼儿收集不同的树叶、豆荚、葱管，吹一吹，看看会发出什么声音。

——风声收集。准备录音机，观察自己感兴趣的地方，录下风发出的声音，记录风出现的地方。

——风铃畅响曲。观察风铃响的次数，感受空气的流动，感受风力的大小，并做简单的记录。

表 4-8　追风的孩子

游戏名称	游戏材料
我设计的玩法	

实用小贴士：大自然的风云万变，充满了神秘的色彩，相信你也能设计出和风有关的趣味游戏！

表 4-9　风的力量

班级________ 姓名________ 日期________

________ ________ ________

________ ________ ________

________ ________ ________

实用小贴士：请小朋友寻找身边的物品，哪些物品是可以被风吹动的呢？在圆圈内画上你找到的物品，并在横线上写下你吹动它的方式。

续曲

从太空归来

从太空归来

【分享时刻】 5~6岁

神舟十二号正式升空了，随着新闻的不断增多，孩子们对于神舟十二号的兴趣越来越浓厚，也越来越好奇，他们的想法各种各样。

李肖楷："火箭是怎么飞上去的呢？要是没有油了怎么办？"

龚子轩："宇航员叔叔到了外太空怎么吃饭呢？"

吕薏元："火箭到了太空之后会不会掉下来啊？是不是很危险呢？"

很幸运，我们所在的城市迎来了一次航天展。孩子们有一个非常好的机会，可以近距离地接触火箭、空间站和探测器。当我在班级内把这个航天展的消息告诉孩子们之后，班里顿时炸开了锅，孩子们都想去看一看。为了满足孩子们的好奇心和求知欲，我们在班级群内向家长们发出了倡议，建议家长周末带孩子去看航天展。周一来园后，小朋友争着分享了他们的所见所闻。

凌鸿永："我在航天展上看到了一个大大的、灰色的像房子一样的东西，爸爸告诉我说这是空间站。"（见图1）

张君雅："航天展上还有一个探测器呢！可以探查火星。"

李熙冉："我在航天展上看到了真正的航天服，和我在电视上看到的一样。"（见图2）

图 1　航天展上的空间站

图 2　航天展上的航天服

我有一个航天梦

一天上午，孩子们在梦想村里玩着游戏。

李肖楷："快来看啊，我找到掉落在我们幼儿园的空间站了。"（见图 3）

孩子们听到了，都飞快地跑到李肖楷的身边，可是根本没有空间站呀？

李肖楷指了指背后的大桶说道："你们看，这个是不是很像空间站呀？"

张君雅："好像是的，空间站是圆圆的，这个白色的大桶也是圆圆的，可是这个里面都是空的，什么都没有。"（见图 4）

图 3　发现了掉落的"空间站"

图 4　观察"空间站"

李诗琦："对呀，这个外面是白白的，里面却有点儿脏。"

吕萱元："要不我们自己造一个空间站吧！"

于是，孩子们对空间站的兴趣达到了顶峰，空间站的制作也拉开了帷幕。

制作空间站！ 开工！

首先，孩子们制作了空间站设计图（见图5、图6），并在班级内进行了分享。

图5 空间站设计图（一）

图6 空间站设计图（二）

朱蔚熙："我的设计图是有两种颜色的，里面是灰色的，外面是白色的，这个和我在电视上看到的空间站差不多。"

江左妍："我打算在空间站外面用油漆刷一下，里面也是用灰色的油漆，我家在装修，经常看到爸爸在用油漆。"

吕萱元："我想在空间站外面画一些画，画一个宇航员叔叔，这样子我到了太空就不害怕了。"

根据对设计图纸的讨论结果，他们开始了空间站的初步制作。对于空间站使用的材料，孩子们也进行了激烈的讨论。

王志轩："我觉得需要用江左妍说的油漆，一刷可以刷那么多地方，这样子我们可以很快就弄好的。"

李熙冉："我妈妈说油漆对身体不好，不能多闻，我们可以用灰色的黏土把它包起来。"

朱欣悦："可以用纸贴起来，就和贴墙纸一样，我们家的墙纸就很漂亮。"

最后，孩子们决定用纸来贴（见图7、图8）。

图 7　准备的材料

图 8　空间站的第一次建造

空间站体验

可是这个桶摆在这里，别人怎么才能知道这个是空间站呢？

李肖楷："写个名字粘上去呀！"

李熙冉："我们还可以做一面国旗粘在旁边，这样子别人就知道这是我们中国的空间站了。"

耿立凡："还可以制作一个太阳能板，这样这个空间站就有动力启动了。"

在班级内孩子们也对空间站的名字进行了投票，最后中选的名字是"神舟浮云号"。吕薏元邀请郭芷彤和古明熙一起来制作。制作好之后，将其贴在了空间站上（见图 9、图 10）。

图 9　神舟浮云号

图 10　"安装"了太阳能板的神舟浮云号

空间站初步建成之后，孩子们就迫不及待开始探索空间站，回到班级之后他们展开了讨论并进行了新一轮的设计。

李熙冉：“空间站里面什么都没有，我们只能从里面爬出来。”

李肖楷：“里面应该还要许多的按钮，不然我们没有办法发动空间站。”

宋思齐：“还要有方向盘，用来控制方向，就和我爸爸开车的时候一样，也是用方向盘来控制的。”

王志轩：“我看过一个动画片，动画片中神舟飞船里面还有电视呢，我也要做自己的电视。”

讨论过后孩子们就开始动手进行设计了，孩子们的设计图及成品展示见图 11 至图 14。

图 11　操控台按钮设计图

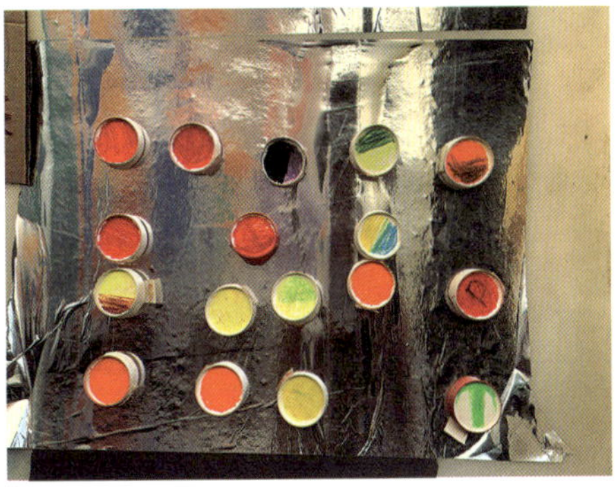

图 12　制作好的按钮

图 13　方向盘设计图

图 14　操控方向盘

随着设计图的不断完善，空间站也成了孩子们户外游戏最喜欢去的地方。

宋思齐：“我现在就是宇航员，你们要听我的，看我选择一个星球，你们就要输入坐标，这样我们就可以直接飞过去了。”

高榕蔚：“我们飞过去之后干什么呢？如果在飞的过程中遇到了太空陨石怎么办？我想回到我的火箭上。”

李肖楷：“我们回不去啦，我们的火箭离我们越来越远了。”

听到他们说火箭我感到很好奇，哪里有火箭？李肖楷告诉我说，空间站对面的黄色圆桶就是他们的火箭。怎么样才能到达对面的“火箭”呢？带着这个问题孩子们回到班级又展开了讨论。

张明轩：“我们可以用早上锻炼的长凳子直接摆在中间呀。”

王志轩：“不行不行，木凳子太长了，我觉得可以放标志桶在中间，然后上面搭点积木就可以了。”

图 15 标志桶对接设计图

古明熙：“我在电视上看过对接，宇航员叔叔们是直接爬到空间站里面的，我们可以直接用积木搭。”

李熙冉：“我们还是先做个设计图吧，看看谁的设计图好，就用谁的方法。”

经过对比孩子们的设计图，我们决定把每个人的方法都试一试（见图 15 至图 17）。

图 16 木凳子对接设计图

图 17 建构材料对接设计图

对接火箭

再次来到空间站，孩子们根据设计图开始进行对接的实验游戏。胡若谷："我们可以试一试早上运动的长凳子，我觉得是可以的。"在初次尝试之后，王志轩发现，和火箭靠近的地方长凳子翘了起来很危险，于是他们取消了第一个计划，开始进行第二个计划。王志轩和张明轩取来了标志桶，徐茗俊问："你们这是要做什么？"王志轩："你们瞧好吧，我这个方法肯定能成功。先把标志桶放在这个前面，再把积木放在上面，你们看我站上去了。"（见图18）话刚说完，王志轩小朋友就从上面摔了下来。张明轩："王志轩你这个方法也不行，我觉得我们要试一试古明熙的办法，直接用积木拼吧。"高榕蔚："对啊对啊，我们在班上的建构区里也经常搭建空间站，我们肯定可以成功的，就按照古明熙的设计图来就可以了。"于是，孩子们利用积木将火箭和空间站成功对接（见图19至图21）。

图18　标志桶对接

图19　建构材料对接过程

图20　对接成功

图21　穿越对接轨道

空间站的那些事

在空间站玩了这么久，许多孩子都有关于空间站的故事。他们用自己的方式记录了下来，并且和别的伙伴进行了分享。

李肖楷：《苹果赞助商》

第一次玩的时候空间站里面空荡荡的什么都没有，但是后来我和其他的小朋友一起制作了按钮和方向盘，我觉得现在在里面玩非常有意思。我最喜欢操控空间站了，而且这上面有我写的“苹果赞助商”，因为我们是苹果班，所以要写这个，就是说这是我们造的空间站（见图22、图23）。

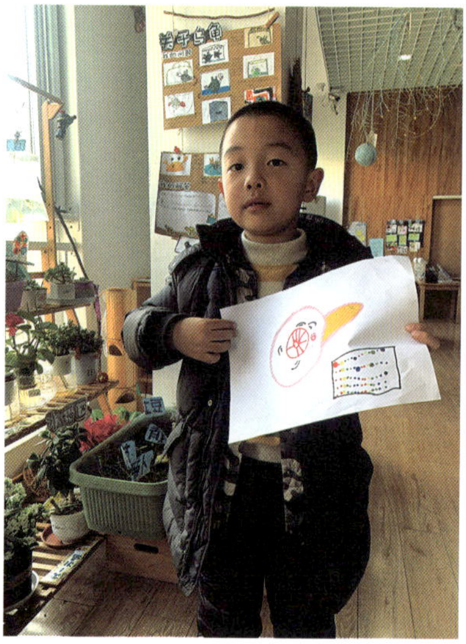

图22 李肖楷分享故事

图23 《苹果赞助商》

王志轩：《对接空间站》

空间站对面的火箭，我很想过去。我制作了设计图，和张明轩还有朱蔚熙一起搭建了我们的对接管道，成功地和对面火箭连接了起来。搭管道的时候我们觉得就像在建构区玩，以前在建构区玩的时候搭过这种管道，所以我们搭得很快。空间站里面的操控台也是我非常喜欢玩的地方，我还想给它做更多的东西，我想让它飞起来（见图24、图25）。

图 24　王志轩分享故事

图 25　《对接空间站》

【教师简析】

神舟十二号载人飞船发射成功的报道，激发了孩子们对太空的好奇心和探索欲望。掉落在幼儿园的“空间站”，引发了一场空间站的建造活动。孩子们通过调查、查阅资料、收集信息，不断完善空间站的设计图纸，并将园内那只普普通通的白色塑料大桶，逐步打造成他们心目中的空间站。在建造过程中，他们遇到过很多困难，但都能通过独立思考与同伴协商、动手操作来验证和实施自己的想法。同时，他们在反思中不断修正错误，将已有的建构经验完美地迁移到空间站的构建过程中。

伴随着空间站探索的深入，孩子们的思考、交流和合作越来越多，“空间站”也不再是一个“空间站”，它更像是一艘承载着孩子们太空梦的空中航母，乘风破浪，一路向前。

（教师：谢熠　顾丽）

【同类型活动参考】

活动一：太空，我们来了

建议年龄段：5~6 岁

意义与价值：探索空间站的基本构造，了解为探索太空付出努力的人们，并萌发探索太空的愿望。

可以讨论的话题

——你知道中国的宇航员吗？他们都是谁？他们都是怎样到太空去的？

——到了太空之后，他们住在哪里呢？那里是什么样子的？

——他们在太空是怎么生活的？在太空他们还要做些什么？

可以引发的活动

——探索太空的人。收集资料，认识一些特别著名的宇航员，初步了解要成为一名宇航员要做哪些准备（身体素质、专业训练、个人装备等）。

——神舟飞船。收集资料，了解火箭的基本构造，知道中国的神舟飞船是中国航天的骄傲。通过模拟火箭升空的实验（例如利用白醋和小苏打的反应让塑料瓶腾空），初步了解火箭升空的原理。

——空间站。收集资料，阅读有关太空及空间站的绘本，如《你好，空间站》，了解空间站的基本构造。

活动二：建造空间站

建议年龄段：5~6 岁

意义与价值：根据调查设计空间站，寻找生活中的废旧材料，尝试用自己的方式建构空间站。

可以讨论的话题

——你打算用什么材料来制作空间站呢？怎样收集这些材料呢？

——在空间站里看到的宇宙会是什么样子的呢？你想怎么样表现空间站呢？

可以引发的活动

——我的空间站。设计空间站，选择合适的材料，打造自己的空间站。

展开想象，制作空间站内部设施。

——空间站的标志。在空间站的周围和内部设计各种各样的标志，在游戏中能根据标志的提示进行游戏。

——我是宇航员。根据制作的设施丰富空间站，在空间站内进行幼儿自主创作的角色扮演游戏。

——太空幻想。欣赏太空、空间站的图片及影像资料，选择不同的方式和材料进行创作。